三国是家 商学院

曹操是个好老板

朱新月◎著

中国言实出版社

图书在版编目(CIP)数据

曹操是个好老板 / 朱新月著. -- 北京：中国言实
出版社, 2013.1

（三国是家商学院）

ISBN 978-7-5171-0073-7

Ⅰ.①曹… Ⅱ.①朱… Ⅲ.①曹操（155～220）—人
物研究②企业管理—通俗读物 Ⅳ.①K827=36
②F270-49

中国版本图书馆CIP数据核字（2013）第016074号

责任编辑：周汉飞

出版发行 中国言实出版社
地　　址：北京市朝阳区北苑路180号加利大厦5号楼105室
邮　　编：100101
电　　话：64924716（发行部）　52666122（邮　购）
　　　　　64924853（总编室）　52666121（编辑部）
网　　址：www.zgyscbs.cn
E-mail：ysfazhan@163.com
经　　销 新华书店
印　　刷 三河市华晨印务有限公司
版　　次 2013年3月第1版　2013年3月第1次印刷
规　　格 670毫米×960毫米　1/16　19印张
字　　数 260千字
定　　价 36.00元　ISBN 978-7-5171-0073-7

　　用简单巧妙的方法管理企业，是智者的选择。企业管理越简单越好，而不是越高深越好。在实际管理中，繁杂的管理工作令领导者焦头烂额。我们向历史人物学管理，并置身于实际案例中，是希望能从这些故事中找到最好的管理方法。完全理论化、抽象化，缺乏实例谈管理易导致纸上谈兵。

　　曹操通过"挟天子令诸侯"的策略得到了实权，雄霸一方，成为三国时期最大的跨国集团。曹操他在管理方面的雄才伟略，为我们现代企业管理提供了参考。

　　曹氏家族很是了不起，曹操戎马一生，但不失才气豪情。其代表作《短歌行》中，"山不厌高，水不厌深，周公吐哺，天下归心"更是千古流传。

　　曹操很擅长管理，他虽然没有统一天下，但是经过努力统一了北方，成为当时最大的霸主。曹操治军严明。有一次，在曹军的出征路途中，正是麦熟之际，曹操遂下令：踏入田间者杀无赦。令人想不到的是，曹操的坐骑受到惊吓，闯到了田间。正当大家不知如何是好的时候，曹操命监军执行自己下的军令。三军跪地苦求，曹操割发以示三军，戴罪立功。此手段堪比刘备怒摔刘阿斗，这就是优秀管理者的共同潜质。

管理者建立制度，是用来约束团队中所有人的，很多管理者自己不遵循，却让下属必须照章办事。如果管理者成了制度的破坏者，那么制度就形同虚设。很多时候，员工都紧盯管理者，如果你不自律，他们就敢蹚过雷池。

　　在人们看来，管理者应是很优秀的人。但毕竟人人都有缺点，或脾气暴躁，或有所忌讳等，做下属的要懂得藏拙和尊重上司。西凉马腾送来进贡的酥点，曹操一则怕有毒，二则想看看下属的悟性，就把酥点弃于桌台，只留下一张纸条：一合酥。下属不解其意，问到主簿杨修，杨修大笑道：但吃无妨。曹操回来问是谁胆敢偷食，杨修回道："丞相不是让我们一人一口酥吗？"结果聪明反被聪明误，杨修终被杀。这就是下属不懂得藏拙的结果。

　　曹操对汉室的态度很值得玩味，以他的实力，废汉称帝是唾手可得的事情。但他懂得什么该做什么不该做。

　　企业管理是一门实践课程，它会随着时间的变化而有所改变。真正的大师应该是在实践中体现人性至善，驾驭团队创造至高荣誉和价值，帮助需要帮助的人，尽到社会责任的人。每个人都应该在工作中不断学习和体会，把时刻变化着的企业管理，以动态的方式表达出来。

　　希望大家能够从历史事件中多多学习管理方面的知识，并将这些知识应用于企业管理之中。

目 录

第一章 战略管理

第二章 选人管理

第三章　用人管理

第四章　自我管理

第五章　制度管理

第六章　风险管理

第七章　企业文化管理

第八章　管理创新

第九章　公关管理

第十章　管理之教训

后　记　管理难，守业更难

战略管理

出身官宦家——善于利用自身资源优势

被誉为"治世之能臣，乱世之奸雄"的曹操，能够在乱世纷争的东汉末年迅速崛起而成就一番霸业，与其自身的雄才大略、知人善任有着莫大的关系。其"太子党"的身份，更为其及早进入官场、较快地升迁打开了方便之门，对其霸业初始阶段的迅速崛起打下了坚实的基础，促进了一代枭雄曹操最终在群雄争霸的乱世中脱颖而出。

曹操于公元155年7月18日出生于宦官家庭，门第显赫。其祖父曹腾，是东汉末年宦官集团中一个很有权势的大人物，曾做过中常侍、大长秋，封费亭侯。曹腾识大体，约束家族为恶，亲近士大夫，赢得了当时社会各界的普遍赞誉和皇室贵族的重视。

曹操的父亲曹嵩是曹腾的养子。曹嵩的真实出身，史料中并无记载，《三国志》中陈寿称他："莫能审其生出本末。"不过也有人说曹嵩原是夏侯氏之子。曹嵩曾先后任司隶校尉、大司农、太尉等官职。

从以上曹操的出身我们可以看出，他属于一个不折不扣的"太子党"。当其他"太子党"们醉心于金银珠宝之时，曹操没有利用他的"太子党"身份这一优势资源来满足自己的一时之欢，而是励精图治，将自己的优势充分利用和发挥在了自己的霸业上。汉灵帝熹平三年（公元174年），年仅20岁的曹操便被举为孝廉，入洛阳为郎。不久，被任命为洛阳北部尉。公元177年，任顿丘令；公元180年，升为议郎。

从曹操年少时的经历可以看出，他无意间充分利用了其"太子党"身份这一稀缺资源，为其未来几十年的霸业提供了以下几个绝佳的优势。

较早进入官场。出身于当时显赫的宦官家庭，少年便有大志向的曹操20岁被举为孝廉，后授洛阳北部尉，管辖当时整个都城的社会治安，可谓是少年得志。后几经提拔，34岁又因其家世成为西园八校尉之典军校尉，而西园八校尉所统领的正是当时中央政府编练的精锐新军。这一切的取得，都与曹操"太子党"的身份有着千丝万缕的联系。可以说，没有曹操门第显赫的家族，没有他祖父、父亲较大的权势和丰富的人脉关系，就不可能有他年少时官场上的迅速提升，而这对其未来霸业的成就起到了至关重要的作用。

雄厚的财力。无论什么年代，要干成大事，雄厚的财力是必不可少的。曹操出身于显赫的宦官家庭这一背景，决定了他并不缺少干大事所需的经济基础。曹操之祖父曹腾连侍四位皇帝，每一位皇帝都对他信任有加，他所得的皇家赏赐之丰厚，自不必说。曹操之父曹嵩，官至"三公"之太尉，一生所得金银财宝更是无数。这些都为曹操后来的迅速崛起奠定了强大的物质基础。因而当群雄约定一起反董卓时，曹操回到家乡能在短时间内凑齐五千人马，实与其殷实的家族背景是分不开的。

对人才强大的吸引力。无论哪朝哪代，"学会文武艺，货卖帝王家"始终是大多数有才干之人的向往和追求。曹操显赫的"太子党"背景，显然对其在乱世中提升知名度起到了极大作用，而知名度的提升为曹操带来的优秀人力资源是不可低估的。

诚然，曹操的雄才大略、知人善任是其吸引人才的一个很重要的方面。但是我们不得不承认，曹操"太子党"的身份，为其霸业初始阶段笼络人才，起到了不可小觑的作用，曹操很好地利用了自己这一天生固有的资源优势。

从以上分析我们可以看出，曹操非常清醒地意识到了自己所拥有的稀缺优势资源，并在群雄争霸中完美地经营和利用了自己所拥有的这一切，为其在乱世之中迅速崛起打牢了根基，为其后"三分天下有其二"打下了坚实的基础。

现代经济社会中，一个企业要想得到较快的发展并长期生存下去，必须充分发挥自身的各项资源优势，对于处在起步阶段的企业而言更是如此。

刚起步的企业，在人力、物力、财力等各方面都远逊于同行业中成熟的大型企业。但并不是说这些中小企业只能坐以待毙，他们也有很多自身的优势：人员少，便于管理；机动灵活，善于应变；组织结构简单，工作效率较高；勇于创新，富于进取，等等。

现在是资源的时代，有资源才能成大事，但真正能成大事的，必须善于利用资源，让已有的资源发挥最大的作用，创造最大的价值。

有这样一位公司总裁，他每年都定下目标，要与1000个人交换名片，并与其中的200个人保持联络，与其中的50个人成为朋友。他所做的就是不断地拓展资源。房地产开发商要有政府资源、银行资源，打好了资源牌，他们个个都是运作的高手，个个都成了阔佬；企业为自己的产品打广告，请人推销，也是在拓展客户资源。其实，每个人都有自己独特的资源，关键是要有经营资源的意识，管理好资源，一旦时机成熟，它就能开花结果。

创业看点

在当时来讲，曹操绝对算得上是高干子弟。那时有许多高干子弟，但大都长于风花雪月，唯独曹操善于利用自身资源优势，迅速建立起了自己的关系网，培养起一批忠实的"粉丝"，这个高起点为他争夺天下打下了坚固的基础。

武力伐董卓——树立良好形象扩大知名度

　　曹操是个出色的战略家，在其称霸计划中，讨伐董卓是实施计划的第一步。成大事者第一战非常重要，曹操的这一战，不仅为其树立了良好的形象，而且扩大了知名度。

　　曹操想招兵买马讨伐董卓，便借助当时的富商卫弘。从洛阳一路沿途逃窜的曹操在陈留遇到其父曹嵩，散尽家财招募了一支义兵队伍，得到了很多人的支持和帮助，又在富商卫弘的鼎力支持下，打着"忠义"的旗号开始招贤纳士。

　　曹操先发通告，征伐董卓的消息迅速传开，得到了各路英豪的积极响应。之后趁热打铁，又发布了檄文，写道："董卓欺天罔地，灭国弑君；秽乱宫禁，残害生灵；狠戾不仁，罪恶充积。今奉天子密诏，大集义兵，誓欲扫清华夏，剿戮群凶。望兴仁义之师，来赴忠烈之会，扶持王室，拯救黎民。檄文到日，速可奉行。"

　　曹操在檄文中历数了董卓的条条罚状，令天下英雄豪杰所钦佩。檄文发布之后，各镇诸侯皆起兵响应，共同讨伐董卓。

曹操真的是聪慧过人，在讨伐董卓这件事情中，只用了两个广告就把自己推广得众人皆知，为其以后的征伐奠定了基础，为自己也为其军队打响了声誉。曹操树立良好形象、扩大知名度主要从以下几个方面入手。

为招募军队打广告。曹操以"忠义"的旗号，招揽各路英豪。就当时曹操的实力和财力而言，是不具备招募军队资格的，但是曹操办到了，他打着"忠义"的旗号，大揽人才义士，同时又得到卫弘在财力上的支援，解决了招募费用的问题，令其队伍发展迅速。

做更大的市场推广。曹操在招募了义军队伍后，势单力薄，要想讨伐董卓，单凭他的力量是远远不够的，于是发布檄文，打着正义的名义，激起英豪相汇，共伐董卓。在当时的情形下，董卓的罪行令百姓厌恶至极，曹操的檄文一发，自然引起当时群雄的响应，在大家眼中，曹操成了救百姓于水火的英雄。这无疑是曹操为自己做的一次免费广告。

不放走任何一个宣传的机会。曹操在广发檄文的时候，特意给刘备也准备了一份。当时，刘备以"仁德皇叔"之名享誉群雄，而当时刘备的军师正好是当年曹操看中的人才陈登，出乎曹操意料的是，当年他想将此人收于自己帐下未果，没想到此人投到了刘备的麾下，这对曹操而言是个巨大的耻辱。在发布檄文时，曹操叮嘱下人务必亲自前往沛县刘备处送檄文，好会一会这名"仁德皇叔"。

由此我们可以看出，曹操在实施统一大业前，进行了一系列的筹划和安排，不论是发通告还是诏告天下讨伐董卓，都是以当时人们最为关注的热点——董卓残暴不仁、枉为人臣作为讨伐的前提，打着正义、忠义的名号，为民除害。这一举措，令曹操威名扬四方，也为其在百姓中树立了良好的形象。

当今社会，人才济济，不做宣传提高知名度，就很容易在商界被埋没。无论是企业还是个人，自我宣传、提高知名度是很有必要的。相信大家对"脑白金"的广告并不陌生，史玉柱通过一则轰炸式的广告独白，在电视媒体滚动播出，受到了众多消费者的关注，"脑白金"产品也因此一炮走红。由此我们可以看出，树立企业品牌形象、提高知名度，对企业和个人来讲是双丰收。不仅史玉柱，现在很多企业都积极投身于树立企业品牌形象的队伍当中，如森马服饰的广告语"穿什么就是什么"，特步鞋业的广告语"飞一般的感觉"，就连我们常吃的火锅也用上了广告语"好火锅自己会说话"。这些都是我们在日常生活中经常见到的广告语。正是这些简短的广告语，在人们心目中树立了各个企业的品牌形象，加深了该品牌在人们心目中的印象，达到了提高企业知名度的效果。

创业看点

曹操思维缜密，尤其在讨伐董卓一事上，广揽人才，招贤纳士，仅用一道假诏和檄文，不仅扩充了讨伐的队伍，还打响了声誉，以一支义军的形象出现在众人面前。以正义之师讨伐贼子董卓，为其一统江山翻开了第一页。

·第三节·

收编青州兵——逆向思维得意外商机

众所周知，灵活多变是曹操在战场上惯用的战术。这一点在收编青州兵时尤为明显，为曹操统一北方打下了坚实的基础。收编青州兵不仅使曹操的军队实力得到了扩充，还为其带来了意外的商机，即推动了农业的发展，又解决了东汉末年战时的粮食问题。

曹操在济南做官时，神坛被其毁坏。黄巾军因此认为曹操是同道中人，只敬奉皇帝，不信奉那些神鬼之说。起初，黄巾军想拉拢曹操，劝其不要被形势所"迷惑"，共同合作才是明智之举。曹操将计就计，假意谈和，暗地里在黄巾军中拉拢人心，许诺一旦归降于自己，保证每人都有田地，都可以过上好日子。

当时正是军阀混战之际，百姓们居无定所，食不饱肚，曹操这一保证，令诸多黄巾军将士为之动摇。没过多久，曹操的阴谋得逞，全盘接收了黄巾军的所有人马。

青州兵原本是一支农民军队伍，被曹操收编后，为青州经济生产的恢复和社会秩序的稳定做出了重大贡献。除此之外，曹操创立了屯田制，命令不用打仗的士兵下田耕作，解决了东汉末年战时的粮食问题。

据《三国志·魏志·武帝纪》记载：194年曹操攻吕布于濮阳，吕布出兵迎战，先以骑兵进攻青州兵。青州兵被冲散，曹操阵营混乱起火，曹操坠马，烧伤右手掌。部将楼潍扶曹操上马，这才逃去。曹操这次出兵不利，对青州兵没有追究责任。

《三国志·魏志·于禁传》记载：197年，曹操征张绣。于禁见十余人受伤裸走，问其故，曰："为青州兵所劫。"于禁怒曰："青州兵同属曹公，而还为贼乎？"于禁要声讨问罪，曹操知道此事后，不准问罪，未加处理。

曹操收降青州黄巾军以后，考虑到军队中缺少粮草以及黄巾军且耕且战的经验，196年在许下、范县、东阿屯田，兴修水利，依靠"男女百余万口"的基本劳动力，为日后军粮供给做了充足的准备。

由此可见，曹操逆向思维用得妙。原本不被人们看好的青州兵在曹操的带领下，种田的种田，征战的征战，各得其所，各享其乐。青州兵屯田种地，为曹操征战沙场提供了充足的供给。粮草无忧，减轻了军队的负担，节省了远道运输的人力，也使百姓富足，生活质量提升，为统一北方打下经济基础。青州兵之所以跟着曹操创下一番事业，主要有以下几个方面的原因。

青州兵与曹操相互扶持，互相信任。在收编之初，青州兵战斗力并不是很强。青州兵的编制，二十多年始终没有打乱，保持了一定的独立性。曹操在南征北战中，几度战败，青州兵没有离散，也没有乘机倒戈。曹操集团中有的人对青州兵是有看法的，但曹操对青州兵始终很宽容。曹操信任青州兵，青州兵也信任曹操。

3万人精锐部队，打造钢铁曹家军。经过好几个月的酝酿，192年冬天，强大的青州黄巾军接受了曹操的收编。曹操从30万黄巾军中选拔精锐3万余人，重加编制，号称"青州兵"，其余大部分人都被曹操安排去做农业生产。

青州兵助曹操萌发"平天下"的梦想。青州兵是曹操统一北方的重要军事力量。在收编青州兵以后，曹操的实力壮大，此后，才逐渐萌发了"平天下"的远大理想。曹操在《让县自明本志令》一文中说："当初被举孝廉时，只是想当一名郡守，得一个清官好名声。"任济南相"除残去秽"，"以为强豪所忿，恐致家祸，故以病还"。后迁为典军校尉，意欲为国家讨贼立功封侯，死后墓题"汉故征西将军曹侯之墓"。不久，起兵讨伐董卓，他的志向也是有限的。等到"领兖州牧，破降黄巾三十万"，才有了平定天下的实力，平定袁术、袁绍、刘表之后，遂有"平天下"之志。

创业看点

曹操的逆向思维战略，在官场和商场双得益。将破败不堪的青州兵收编为精锐部队和屯田产粮的主要人员，曹操将每个人用到了实处。因此后人说："当时群雄逐鹿，只有强者方可领导群雄，曹操文武全才，对我国当时的政治、文化、农业的发展都做出了巨大贡献！古今少有！"

实行屯田制——苦练内功是
企业长远发展的保障

　　征战无数的曹操，不仅在战场上取得了优秀的战绩，而且在屯田种地方面做出了杰出的贡献。自收编青州兵之后，曹操就开始着手屯田的相关工作。屯田制的实施虽遇到了重重困难，但曹操苦心经营屯田事宜，颇有成效。随着军队和人民的需要，曹操如火如荼地实施屯田制，为其争夺天下提供了粮草的保障，为取得北方统一打下了坚实的基础。

　　屯田工作是在建安元年曹操收编青州兵后，在枣祗、韩浩的建议下进行的。曹操经过慎重考虑，认为屯田有益于百姓也有益于军营，便采纳了枣祗、韩浩二人的意见，在许都（今河南许县）附近开始了屯田工作。当时的一大难题是，土地荒芜，加上战事不断，百姓居无定所，人口锐减。要实施屯田，需要大量的人员，上哪里去找这么多的人来屯田呢？曹操在黄巾军那里找到了答案。他吸取了黄巾失败的教训，充分利用青州兵中务农的人员和缴获的工具，让部分人员不用上阵杀敌，而是在家耕地种田，按时交粮。曹操对待战俘不杀不辱，反而为其安置务农的工作，得到了当时许多百姓的赞许，大量的屯田人员也有了着落。

随着屯田制的实施，曹操的战绩也越发出众。曹操带兵征伐四方，解决了粮草之忧，为其平天下提供了坚强的后盾。据《三国志·魏书·武帝纪》记载："于是州郡列置田官，所在积谷，征伐四方，无运粮之劳，遂兼并群贼，克平天下。"

由此可见，曹操实施屯田制受益颇多，不仅使得战乱的百姓有事情可做，有粮食可吃，还为自己的军营储备了充足的粮草，这让士兵们在战场上想表现不出色也难。正所谓"民以食为天"，曹操正是掌握了这一关键点，才成功地实施了屯田制。曹操的成功主要表现在以下几个方面。

吸取他国经验，苦心研究屯田方案。东汉末年，军阀混战，饥荒流行，粮食短缺，经济受到严重破坏。在这种情况下，曹操看到了事情的严重性。为解决军粮问题，曹操苦心钻研两汉边疆的屯田经验，结合实际情况，将屯田分为民屯和军屯两种，并制订了一系列屯田计划，确保粮食的充足供给。

灵活的收缴模式。曹操实施屯田制时，虽有阻碍但也有不少青年才俊积极响应，枣祗、任峻、国渊、袁涣可谓是屯田的四大功臣。就拿枣祗来说吧，曹操命枣祗负责屯田试点时，枣祗提出不能多收百姓的谷物，不采用固定份额征收，而是根据情况进行浮动比例制，既避免了丰收季节官府收到的军粮过少，又保障了灾害季节不增加百姓的负担。在战乱年代，最受苦的就是百姓，枣祗这一建议得到了曹操的采纳，既确保了充足粮草供给，又得到了百姓赞赏的好名声，对屯田制的顺利实施功不可没。

人性化的管理模式。曹操开始实施屯田制时，屯民都是实时募集，屯田人员大多为军人。军事化的管理模式，跟着军队东奔西走，令当时很多百姓感到不满，个别屯民逃亡，大大挫伤了屯民的积极性。因此，曹操采纳群臣的意见，决定不再对屯民强施压力，顺其发展，按时缴粮，得到了百姓的赞许。屯田制才得以顺利实施。

屯田制的实施，离不开天时、地利、人和的要素，同时，也离不开曹操的苦心经营。不论是挑选实施屯田的时机，还是灵活的缴粮方式和人性化的管理模式，曹操都虚心听取大家的建议，最终才赢得了百姓的好评。

在现代企业中，如果不主动适应环境，找到企业发展的根源，肯定会在激烈的商战中被踢出局。客观的经济环境固然重要，但是提升自我、完善自我、苦练内功才是企业发展的根基。**因此，企业要做到以下几个方面：首先，把握局势的发展，调整战略部署，改善经营管理模式，把眼光放得更加长远；其次，多向其他企业学习，研究自己的经营之路，只有最适合自己的才是真正有益的；最后，集思广益，强化管理模式，做到优质、高效地发展。**

创业看点

曹操在民不聊生的恶劣环境下，用屯田制创造了奇迹。当年屯田收获的谷物数必百万斛，有效地缓解了百姓和军队的粮草危机。曹操苦心经营的屯田制为其统一北方奠定了坚实的基础。

文武满天下——人才多样化才能让企业永葆生机

众所周知，曹操是个惜才如命的人，他在使用人才的策略上有过人之处，多样化的人才管理模式，为曹操的军队增添了许多活力。"若建非常之功，必待非常之人。"人才对于曹操来说是决定一统大业能否实现的关键，要想争得天下，就得先争夺人才。要打造一支王牌军队，手底下没有多样化的人才肯定是不行的。在曹操幕府中，谋士强将众多，可谓文人武将满天下。

荀彧、贾诩、荀攸、程昱、戏志才、蒋济、郭嘉、司马懿、刘晔等，都是曹操帐下的谋士，为曹操打拼事业立下了汗马功劳，个个劳苦功高。曹操把这些谋士合理地分配到各个岗位，各取所长，各尽其才，为己效用。

无论是蔡阳、车胄、乐琳、张虎、朱灵、马遵等英雄义士，还是张辽、张郃、徐晃、乐进、于禁这五位大将，都是曹操的掌中宝、心头肉。他们个个英勇善战，在战场上挥洒热血，是曹操建立丰功伟业的左膀右臂。

曹操还拥有不少农业方面的人才。枣祗、任峻、国渊、袁涣等都是当时推行屯田制的优秀人才。没有他们就不可能有曹魏时屯田的成功，他们的努力在推行屯田制方面起了很大的作用，为曹操征伐四方而储备粮食提供了坚实的保障。

　　由此可见，曹操在人才的管理战略上是有自己的一套方法的。多样化的人才管理模式，使曹操在面对各式各样的人才时，能让其发挥优势，为己效用。合理地使用人才，为其部队不断注入新的血液，多样化的人才管理模式，使得他在日后的征讨土地、管理时政等方面，取得了卓越的成就。

　　巧用谋士，各取其长。曹操手下谋士众多，但各有所长，每个人都有自己的独到之处。荀彧的功绩大多是在治理内政方面；贾诩则在赤壁之战和渭水之战中屡屡献计；程昱是位相当优秀的谋士，他死守东阿、鄄城、范县三城，力谏曹操"独立自主"，给曹操提出了诸多宝贵的意见。除以上人员以外，其他谋士也在曹操创业打天下的时候，或多或少地为曹操献计献策，推动了其事业的发展。

　　妙用武将，统领战场。在官渡之战中，曹操巧用张郃、徐晃，取得烧敌人粮草的战机，从而扭转了战局；在赤壁之战败退之际，张辽挺身而出，将孙权引入埋伏，挫其锐气，重扬军威，威震敌国，名扬天下。由此可见，曹操手下的大将十分了得，能使刀枪剑棍之才比比皆是，曹操根据他们各自的本领安排职位，在战略部署上做到了天衣无缝，在战场上犹如给敌人铺下了天罗地网，想不取胜也难。

　　农业生产，蒸蒸日上。曹操的屯田制能在当时得到广泛推行，最大的功劳还应归于其手下的那些幕后英雄。枣祗、任峻、国渊、袁涣被后人称为"民屯四杰"。枣祗向曹操提出了屯田制实施的有利时机，并主张按租用官牛的方式对百姓进行合理收缴纳粮，为百姓减轻了负担，同时有效地促进了军用粮的征收。而任峻在任职期间，也是尽心尽力为曹操卖命，在屯粮储备方面做到了"所在积粟，仓廪皆满"。国渊和袁涣是自枣祗、任峻之后的农业人才，为曹操进一步完善屯田制度做出了很大的贡献。

人才多样化的发展模式，可以使一个企业更具活力。一个人的力量是渺小的，而一群人走到一起，力量就完全不同了。每个人都有自己的优点，而曹操便是看到了这一点，在他的幕府中，各式各样的人才应有尽有。这是值得当今社会的企业管理者借鉴的地方。

随着社会发展脚步的不断加快，人才多样化发展才是企业生存的根本。企业要发展就需要注入新鲜的血液，如果上一任领导资质平平，没有太大的作为，再找一个雷同的，只能是换汤不换药，毫无意义，也不会给企业带来多大的帮助。唯有选择更优秀的人，才能推动企业的进步，真正壮大企业的队伍。

创业看点

多样化的人才战略，使曹操在政治、经济、军事方面一直处于领航者的地位。这些多元化的人才，不负曹操对他们的期望，为曹操出谋划策、尽心尽力。正是由于这些人的存在，曹操的军队比起当时其他人的军队才更有活力，更具实力。

五五分成制——了解客户需求
才是企业根深叶茂的关键

伴随着屯田制的实施，曹操在百姓心中的威望日渐高涨。但屯田制的推广不可能一步到位，曹操经过深入研究和调查，推出了五五分成的策略，既解决了当时民屯的困难，又保证了军粮的供给，使百姓和军队都有粮可食，有粮可备。

曹魏屯田有民屯和军屯两种。曹操他深知一味索取只会使百姓肩上的担子越来越重。所以他颁布和实施的屯田令、赋税法令都照顾到了屯民和军队双方的利益。据有关资料记载，当时在民屯方面，若屯民使用自己的牛车，收成时与国家五五分成；若使用官牛，按官六民四比例分成。而在军屯方面，多以士兵为主，他们一边戍守，一边屯田，收成全部上缴给国家。

据《晋书》卷109《慕容皝载记》言：以牧牛给贫家，田于苑中，公收其八，二分入私。有牛而无地者，亦田苑中，公收其七，三分入私。皝记室参军封裕谏曰："魏晋虽道消之世，犹削百姓不至于七八，持官牛者，官得六分，百姓得四分；私牛而官田者，与官中分，百姓安之，人皆悦乐。"

由上可知，曹操在管理屯田收缴方面下了很大的工夫。以实物分成地租的形式，得到了百姓们的赞同，减轻了百姓屯田的负担。这一制度的推行，既解决了百姓缺衣少食的问题，也达到了收缴粮食的目的，为其征战沙场，做好了充足的粮草准备。

五五分成，百姓是成长的根源。当时东汉河山支离破碎，百姓民不聊生，社会资源匮乏，人口锐减，吃不饱、穿不暖，哀鸿遍野，令人心寒。此时，百姓们最需要的就是一个安定的家，一口热乎饭，而作为统帅的曹操看到了百姓的需求。正所谓"民以食为天"，这便是曹操实行屯田制的出发点。定国安邦之人，必要以民为本，曹操也不例外。只有满足了人们的基本需求，才能给自己和国家带来更大的收益。

军民坚固，互利互助。曹操将一些流民和战败后的黄巾军安排在屯田生产线上，这样既安置了流民，也解决了屯田人手不足的问题。曹操提出的"有国有家者，不患寡而患不均"指的就是赋税负担平均分配。五五分成制在北方得到了大范围的普及，战时军粮供给无一缺漏，百姓们的生活也得到了稳定。

摧灭群逆，克定天下，以隆王室。曹操实行的屯田制度，在其征讨天下时起到了"摧灭群逆，克定天下，以隆王室"的效果。屯田五五分成，有力地解决了曹操讨伐征战时的粮草短缺问题，巩固了曹操的政治地位。与此同时，他废除了郡县统治的管理模式，拟订了新的方针政策进行管理，即典家系统，从而更加有效地促进了政治、经济、军事的发展。

以顾客为中心，是当今社会的热门话题之一。在大街上，我们随处可见为顾客提供服务的广告标语。有的企业甚至会在公司的简介中写明顾客的意愿与企业的宗旨。但实际上，真正了解顾客需求并真心为顾客服务的企业却寥寥无几。

随着市场竞争的加剧，企业间的产品几乎没有太大的差别，而消费者也变得越来越理性化。企业要发展，只有真正了解并满足顾客的需求，才能使企业根深叶茂，成为行业中的佼佼者。一家上市公司，虽成立不久，但其业绩猛超于前，有心人开始打探其成功之道。老板谦虚地说："我们只是一切都从顾客出发，为顾客着想，顾客就是我们的财神爷。"老板的话虽简短，却不无道理。

运用曹操的管理手法我们来分析这个问题。不难看出，该企业的领导者明确地意识到了顾客在企业发展中的重要性。顾客就是企业的财神爷，开公司得有顾客上门来买东西才能赢利，而在交易的过程中，是等价交换的。只有全方位地了解和满足客户的需求，合理地管理客户，对顾客进行分类管理，推行有效的销售模式和渠道，才能用最少的资本，得到最高的回报。

创业看点

　　曹操在实行五五分成制的时候，对百姓和当时的局势进行了全方位的分析和研究。对于五五分成制的实施，百姓大悦，曹操也收益颇多，可谓军民同乐。在百姓危难之际，曹操解救百姓于水火之中，在百姓面前既树立了良好形象，又收益了丰足的粮草，为日后统一北方打下了坚实的经济基础。

第一章　战略管理

官渡败袁绍——欲打响品牌须先占据区域市场

在曹操一统北方的战役中，最关键的一战应该是官渡之战，它为曹操日后征讨打牢了根基。曹操和袁家兄弟本是故交，双方也都相互了解甚多。曹操是个很有野心的军事家，对袁家兄弟的一举一动更是备加关注。以弱胜强胜袁绍，彰显了曹操的过人之处。

当时，袁绍的军队与公孙瓒连年作战，虽最终取得胜利，但士兵的精神面貌和体力欠佳。战场上的胜利冲昏了袁绍的头脑，他仗着自己手上拥兵十万，想乘机继续扩充地盘，将下一战瞄准了曹操。

据《后汉书·袁绍传》记载，"于是简精兵十万，骑万匹，欲出攻许，以审配、逢纪统军事，田丰、荀谌及南阳许攸为谋主，颜良、文丑为将帅"，用以攻打曹操。而此时的曹操，正喜迎天子，建宫许都，同时广施法令，深得人心。袁绍被胜利蒙蔽了双眼，又得到了郭图、审配等谋士的赞同，坚信伐曹操是明智之举。

既然袁绍来犯，唯一的办法只能是抵抗到底，坐以待毙不是曹操的作风。敌强我弱，硬来肯定是不行的，唯有智取。曹操和众臣们根据大家的意见拟订了作战方针：首先青州兵做主攻；于禁、刘延驻河南东北方向，阻击袁军；夏侯惇阻击西面的袁军。其他将领随时听候调遣。随着形势的发展，袁绍不断变换战术，曹操也不甘示弱积极应战。

　　此时刘备也来凑热闹，向曹操发起了进攻，想给曹操来个出其不意，大乱其方阵。可是，曹操并没有因此而乱了阵脚，他听取了郭嘉、程昱的建议，把主要精力放在攻打刘备上，成功地给刘备狠狠一击。

　　袁绍在曹操奋力战刘备的时候，并没有趁曹营空虚进行偷袭，错失了胜利的大好时机。待曹操击退刘备后返回官渡时，将士气势高涨，热血沸腾，与袁绍正面交锋，其气势远远压过了袁军。这时，有部下劝袁绍暂时不要攻打曹操，应该先休兵养民，等时机成熟再攻也不迟，而刚愎自用的袁绍根本听不进任何阻挠他进攻的话，一意孤行。曹操善于用兵是出了名的，略施小计，声东击西，迷惑了袁绍的思路，在谋略上赢过了袁绍。

　　双方经过数日的争斗，出现了僵持的局面，曹操斩颜良、诛文丑。由于袁绍急切想攻下曹操阵营，施尽了浑身解数，弄得百姓民不聊生，对袁绍产生了恨意。而此时曹操则是坚守阵地，盘算着袁绍手里的粮草，在听取大臣们的建议后，曹操略施小计把袁绍的粮草烧了个精光。袁绍没有了粮草，就无力再攻打，此时曹操占了上风。曹操又一次故伎重施，攻击乌巢分散了袁绍的主力，在袁绍没有任何防备的情况下，大破敌军。

　　由此可见，袁绍的失败就是因为骄傲自满。官渡之战，曹

操仅以一万兵力击败袁绍十万人马，不得不令人对其刮目相看。以少胜多单凭运气是难以实现的，曹操能击败袁绍必有其过人之处。

从古至今，以小搏大的案例比比皆是，骄兵必败的例子也是数不胜数。一个企业要想占据市场，就必须激发员工的志气。有句话说：有志者事竟成。**领导者要学会抓住市场走向，制订方针政策，既把握好对员工的鼓励，也要做好对市场的掌舵。只有这样才能在激烈的市场竞争中打响自己的品牌，在市场上占据一席之地。**

曹操在官渡战役中击败袁绍后，气势大增，声名倍涨。随后，他逐步占领了袁绍的大片领土，占据了袁绍的军事要地，为其统一北方打牢了根基。

创业看点

俗话说，谋事在人，成事在天。袁绍本有赢的希望，但他过于自满，失去民心，反而弄巧成拙，走向失败。而聪明的曹操，善于用人谋事，把握良好战机，打响军队的名声，激发将士的士气，为官渡之战的胜利打下了坚实的基础。

终生不称帝——老板要懂得运用可持续发展战略

一路走来，曹操为大汉立下了不少功劳，保卫了北方一带百姓的平安，一心效忠于朝廷。自曹操收编青州兵后，军力大增，加上屯田制度的大力推广，深得民心。官渡之战的胜利更是给曹操打下了响亮的名声，壮曹军之士气。曹操唯才是举，惜才如命，是出了名的善用人才之人。照常理来说，曹操称帝应该是不会有反对声音的，但事实并非如此。

当曹操以魏王自称的时候，荀彧以死来告诫曹操，不能称帝。从某种角度可以认为，荀彧是忠于天子的，纵使曹操对荀彧再怎么重用，在荀彧心中，自己终归还是天子的人。当初打着正义之军的名号，起义镇压反贼，如今若要喧宾夺主，怕是会被天下人所唾弃。

当皇帝，是当时诸多人士的一个梦。曹操又何曾不想？但是历史证明，曹操并没有称帝，而是为汉室立下汗马功劳，将称帝的机会留给了自己的儿子。当时有大臣问曹操为什么不趁大好时机坐上龙椅，曹操拿周文王来举例，表示："天不眷顾我，我又为何要逆天而行？"曹操自认为自己只配做个周文王而做不了周武帝。正因如此，曹操在天子脚下，如鱼得水，稳坐丞相、魏王的交椅。

常年征战的曹操，在统一北方政权之际年事已高，他虽没有称帝，但只是差个虚名罢了。吕布、袁绍都曾经有着"皇帝梦"，但很快就被现实打破了，昙花一现，没有给后代留下任何东西。相反，曹操在其死后，他的权势顺利地传给了下一代曹丕，而曹丕替父亲圆了"皇帝梦"。这正是曹操不称帝的高明之处。

由此可见，曹操非常清楚当时的局势，称帝是最危险的做法，只有迎当朝天子，才能在乱世中谋求生存。至于谁做天子，并不重要，重要的是其权势和地位能留给后世子孙，让后世子孙完成自己未完成的梦。也就是说，在那个时候曹操已经明白可持续发展战略的重要性。事实证明，权势和地位能够保存下来才是真正的王者。

仰仗天子，助长势力。曹操"挟天子以令诸侯"之举，在当时有很多人不能理解。但就当时形势来看，天下四分五裂，各路诸侯争夺地盘严重，曹操势单力薄，虽手握青州兵，下施屯田制，但终归还没有一个名正言顺的靠山。正所谓大树底下好乘凉，曹操依靠的这棵大树便是"天子"。建安元年秋八月，曹操在许都迎天子，得封以后，内怀潜喜，外诈谦抑。打着正义之军的旗号，镇压了袁绍、吕布、袁术等军队，为其一统北方领土打造了坚强的后盾。

把握权势地位的重量。曹操久经沙场，他知道，无论是皇帝还是将军，只有掌握了权势，才有最后的发言权。在讨伐张绣时，曹操因为自己的狂妄自大丧失了长子曹昂和侄子曹安民。从此，曹操认为只有掌握了权势，才能保住后代的平安，才能将自己辛苦打下的基业顺利地传给下一代。权势与地位相比，有了权势就有了地位，没权势而空有地位，也只是别人给的一个虚名罢了，随时可能被掠走。袁绍、吕布、袁术，就是因为把地位看得太重要，一心想做皇帝，听不进忠臣的劝谏，最后弄得权势和地位全部落空。

曹操将权势顺利地传给了下一代曹丕。曹丕继位后，便开始逼汉帝退位，完成了父亲一统天下的理想，让曹氏家族在历史上留名青史。由此可见，曹操对待权势的眼光是多么长远，唯有可持续发展，才是最后的赢家。

据调查，在国内，大部分集团公司的平均寿命在7~8年之间，中小型企业的寿命则超不过3年，而欧美的一些大型企业的存活率却远远高于国内企业的平均寿命。这是国内企业面临的严峻问题。**任何事物的发展都有其规律，若违背规律而行，则适得其反。学会用发展的眼光来看待事物，会使企业走得更加长远。**人们无法阻止时间的流逝，也无法不经历生、老、病、死的过程。唯有在现有的条件基础上，找到可持续发展的道路，才能把企业做活。及时地调整战略规划，加大人才储备，制订可持续发展的方针策略，才能走出困境，重现生机。

创业看点

戎马一生的曹操，征战无数，在战役指挥和战术上有着自己的一技之长，但是他清楚自己的分量，因此，终生不称帝的做法不仅使他稳坐一方，同时也使其权势顺延至下一代。

·第九节·

以天子名义——贴牌经营打天下

东汉末年，军阀混战，各地诸侯起兵造反，民不聊生，百姓们此时最想要的就是当朝天子的庇护。曹操自知当今天子只是一个虚名，徒有其表，华而不实，但这个虚名还是有其用武之地的。因为在古代，皇帝持政意味着一个国家的存在，只要皇帝还在，国家就没有灭亡。

曹操自知在众多诸侯里，自己的兵力较弱，必须有个靠山才能不被其他诸侯吞并。于是，曹操在天子危难之时，恭迎天子，令百姓对曹操刮目相看，认为曹操是一名忠心为国的大将军，为其征战沙场树立了良好的形象。正因如此，曹操可以名正言顺地打着正义的旗号，征讨各诸侯，以实现其雄霸北方的野心。

曹操借着天子的名义，苦心经营自己的军队，他认为，国家的存亡靠的就是军队的实力，充足的粮草。因此，要想一统江山，首先就是要扩充军队，储备粮草。曹操经过仔细研究决定先攻打张绣，与袁绍假和，麻痹吕布，然后再攻打袁术，生擒吕布，最后一决袁绍。果然，一切都在他的掌控之中。

曹操不仅逐个占领了对手们的领土，还从他们的队伍中得到了许多精兵良将，为其争战天下储备了大量的优秀人才。当然，战绩优异的曹操不忘自己只是为人臣子，在每次战役获胜后，他都上表朝廷，谦虚地称自己是沾了朝廷的光，都是天子的保佑，才能成功击破诸多反贼。

由此可见，曹操以天子之名，经营打天下，真是用心良苦。一边要考虑战事，一边还要考虑到朝廷的态度，事实证明曹操这样的做法是非常正确的。

以正义之名，征讨领土，理所应当。当时，各路诸侯造反，吕布、袁绍、袁术皆被朝廷扣上了反贼的名号。而曹操投靠了天子后，翻身成了正人君子、护国忠臣，兴兵讨伐反贼便是分内之事。这为其进行逐鹿计划奠定了基础。

吸纳贤才，不请自来。在曹操攻打张绣时，贾诩曾多次劝张绣归降曹操。当时张绣并不认同，认为这是在长他人气势，灭自己威风，就算要投靠也得投靠到当时势力强大的袁绍帐下，怎么也轮不上曹操。然而，贾诩对曹操和袁绍进行一番对比后，张绣顿时明白了过来。

在《三国志·魏书·贾诩传》中，贾诩是这样说的："夫曹公奉天子以令天下，其宜从一也。绍强盛，我以少众从之，必不以我为重。曹公众弱，其得我必喜，其宜从二也。夫有霸王之志者，固将释私怨，以明德于四海，其宜从三也。愿将军无疑。"

显然，曹操当时投靠天子，真乃明智之举，张绣归降为其在官渡之战中立下了不可磨灭的功绩。不仅张绣，曹操在天子名义的庇护下，还收了张辽、徐晃等英雄义士，他们在其日后开拓领土时，都做出了杰出的贡献。

在激烈的商业竞争中，适当地变换一下战术，还是很有成效的，贴牌经营就是个不错的办法。世界加工厂富士康、打着"中国制造"的小工厂、贴牌生产的"飞利浦"光源，等等，它们享誉国内外大小市场，企业销售额屡创新高。由此可见，当产品有了一定的消费人群，形成了固定的市场，这时再来经营自己的品牌，会便利很多。贴牌经营市场，还是很有益处的。

创业看点

曹操借着天子的名义，经营自己的事业。如果没有天子的庇护，单凭自己的谋力，他是不可能在短时间内得到百姓的认可和能人义士的拥护的，也不可能顺利地实现一统北方的大业。曹操以天子之名，实现自己的梦想，这才是智者的选择。

【第二章】

选人

管理

曹操用人观——寸有所长皆人才

正所谓"若建非常之功，必待非常之人"，人才是决定一统大业的关键，要想争得天下，就得先争夺人才。曹操不仅精通政治、军事、兵法、文学等方面的知识，在选拔和管理人才方面，也有着独到的见解，其中一点就是"寸有所长皆人才"。曹操认为，只要有一技之长的人都可以算得上是人才，这也是为什么三国之中他手下的能人强将最多的原因之一。

那么，在曹操眼里，哪些人堪称为人才呢？刘备算是一个。曹操有意将刘备收纳到自己帐下，可是一心想自己成就一番事业的刘备无法与曹操共事。虽然曹操不能招纳刘备，但是对他并没有嗤之以鼻，而是以礼相待，倍加珍惜这样一个对手。再看关羽，曹操视关羽为英勇善战、重情重义之人，是一员不可多得的忠义之士，曹操不惜以重金相邀与他共创大业，但最终未能如愿。

从曹操对刘备和关羽的态度中，我们看到曹操对人才的重视，哪怕是竞争对手也以礼相待。曹操在他的《短歌行》里有这样一句话："青青子衿，悠悠我心，但为君故，沉吟至今。"字里行间流露出他对人才的渴求，足见其求贤若渴的急切心情。

凡是人才，曹操都想收入自己帐下，正应了他的用人观——寸有所长皆人才。曹操一生阅人无数，手下有众多能人强将，他们来自五湖四海、大江南北，与曹操共创伟业。

在曹操的幕府中，不论是有着国仇家恨的陈琳、贾诩，或是有道德缺陷的吴起，还是外貌丑陋的庞统，曹操都礼遇有加，虚位以待。虽然他们品性各异，但在曹操的用人观里，无论来自哪里，身世背景如何，只要身怀一技之长，就是有才华的人。

从曹操的幕府中，我们看到了曹操所用的人才，虽都不是全才，但都有一技之长。这正是曹操"寸有所长皆人才"的用人观。曹操招揽了各路英雄好汉，人才储备相当丰厚，这为其争夺天下起到了关键性的作用。

礼待人才，绝处逢生。虽然曹操想收纳关羽未能如愿，但是他以礼待人才的做法还是有效果的。在曹操最困难的时候，关羽毅然领命，斩颜良、诛文丑，也算是报答曹操的个人恩情了。滴水之恩，涌泉相报。关羽重情重义的大将风范，没有让曹操失望。曹操以礼待人才，困难之时贵人相助，决定了他必将成就大业。

论功行赏，不计前嫌收英才。在官渡之战中，曹操大败袁军，收纳了败军之将张郃，曹操不计前嫌，反而以张郃献计有功的名义给他加官晋爵。此后，张郃死心塌地跟着曹操，英勇善战、奋勇杀敌，成为曹魏五大良将之一。论功行赏收英才，使曹操的人才库越发强大，为以后打江山奠定了坚实的基础。

充实的人才库，雄厚的实力。曹操的用人观在当时受到大批能人义士的追捧，自然人才储备日益强大。张辽、李典、庞德等能人强将，陆续归入曹操帐下，施展自己的才华。曹操的用人观赢得了众多将士的心，正因如此，众将士们在战场上屡建奇功，文臣们也在曹操的引导下尽显才华。

虽然曹操的成功与他的家世背景和个人魅力有关，但他的用人观在招揽人才、储备人才方面的作用是显而易见的。"寸有所长皆人才"的用人观，使曹操的人才库得到了扩充，为他雄霸天下打下了坚实有力的基础。

俗话说，人才兴则百事兴，人才衰则百事殆。企业用人也是一样的道理。企业中，有的老板常常抱怨缺人才，嫌员工们这不好那不好，做事畏首畏尾、怕这怕那，认为身边处处是庸才，却不知"寸有所长皆人才"的道理。换个角度来看人才，你会发现他们各有与众不同的地方。

随着时代的飞速发展，社会的进步需要人才，企业的成长更需要人才。一个企业是否能长远发展，取决于领导的用人观；一个企业是否能快速发展，取决于其人才的储备。不管在什么行业，企业要想发展，没有人才恐怕是不行的。

创业看点

我们不得不承认，曹操"寸有所长皆人才"的用人观深入人心。胜利者之所以能成功，关键在于其看待人才的眼光。曹操观人才如珍宝，才使得陈琳、贾诩、吴起、庞统等能人强将为之上阵杀敌，与其共创伟业。

三发求贤令——公开招聘人才

曹操善用人才，爱惜人才，是一个不戴有色眼镜用人的领导者。向天下三发求贤令，足见曹操对招纳人才用心良苦，求才之心切。这三道求贤令的发出，令曹操帐下人才济济，这些人才在其日后讨伐反贼时发挥了重大的作用。

在第一道求贤令中，曹操提了主动招纳贤才的文书。在曹操眼里，不管你是否有瑕疵，是否有道德上的问题，只要有一技之长就是人才。唯才是举的用人方针，显现出曹操求才若渴之心。

曹操发布文书提出唯才是举的选人方针后，又发出第二道求贤令。曹操提出，不管你是小人还是君子，只要是人才他就用。俗话说，只有不会领导的将领，没有带不好的兵。曹操是个有着君王气度的强者，在他手下的将士，不论品性、脾性多么卑劣，都能被曹操收拾得服服帖帖。

在第三道求贤令中，曹操认为，哪怕不仁不孝，只要有治国谋略、用兵之术他仍然接纳。

从上面三道求贤令中可以看出，曹操昭告天下其求才之渴、用人之切。曹操公开求贤文书，为的就是要让天下人知道其对人才的渴求。他希望能够通过这三道求贤令，激起更多能人义士的参与，与其共谋大业。曹操三道求贤令中所得人才，主要体现在以下几个方面。

不记前仇，效用其才。在张绣与曹操还没有共事的时候，曹操曾将张绣的婶婶霸占，逼得张绣造反，夜袭曹营。这一仗，曹操损兵不少，差一点丧命于乱军之中，他的长子曹昂和爱将典韦，在此次战役中身亡。从此，曹操与张绣之间的梁子算是结下了。但是，曹操并没有因此而把张绣视为眼中钉、肉中刺，反而在张绣来归降时欣然接纳了他。曹操不但不记前仇，反而对其加官晋爵。张绣因曹操不记前仇的举动而感动，誓死效忠于曹操。果然，张绣在几次重要的战役中都表现得相当出色，为其争夺地盘起到了相当重要的作用。

不论品性、脾性如何，对于归从之人，量才适用。郭嘉、董昭、袁涣、王修、徐晃等，都是归从于曹操的人才。曹操对于他们每个人的归从，从不怀疑其真心，与其推心置腹共谋大业，虚心听取他们提出的建议，这些人为其规划征讨贡献颇多。

不论出身，只论才能。曹操手下大将芸芸，谋士济济。虽如此，曹操依旧认为得一人才，比得一座城池更加可贵。曹操在求贤令中指出唯才是举，量才适用，对人才原有的身份、地位概不过问。乐进、于禁、典韦都是出身于卒伍之间，但在曹操的赏识和提拔之下，成为不可或缺的大将。

曹操的三道求贤令，使其得到了不少的人才，在其日后的战役中起到了关键性的作用。曹操公开招聘人才，是当时众多诸侯想都没有想过的事情。

现如今，企业招聘人才的方式花样繁多，有的在大街小巷张贴招聘启事，有的在人才市场设点公开招聘，还有的在电视上登广告向社会招聘人才。不论是通过何种方式，企业要传达的只有一个信息，那就是企业需要人才。

　　曹操招聘人才的方法也不过如此，当时的信息主要以文书形式发布，曹操充分利用了文书天下皆知的特点，将其求才之心和盘托出，为的就是博得众人才的归从之心。

创业看点

　　求贤令的发布，吸引了当时不少谋士强将的真心前往。虽说物以类聚，人以群分，曹操却将这些原本不属于一类人的谋士将领聚集到了一起，共商国是，由此可见曹操三道求贤令的妙处所在。

慈心待刘备——冒着风险求人才

从古至今，"得人者兴，失人者亡"，"得贤则昌，失贤则亡。自古及今，未有不然者也"。曹操正是因为深刻认识到了这一点，才会三下求贤令。他甚至冒着风险与刘备合作，试图拉拢刘备归己所用。由此可见，曹操在招兵买马、打拼创业时有着不凡的用人思想。

曹操在攻打吕布的时候，试图拉拢刘备，支持刘备抵抗袁术和吕布。还封刘备为镇东大将军，发兵对抗袁术，同时给刘备优厚的待遇，让他安安心心地为自己打天下。刘备固然是个人才，还是名贤德君子，曹操智谋过人，对刘备的贤德之能早有耳闻。

刘备在被袁绍的军队打得落魄不堪时，紧紧抓住了曹操这根救命稻草，并献计于曹操，令曹操大胜吕布。曹操生擒吕布之时，吕布弃甲投降，曹操并无杀他之意。而此时，刘备向曹操提起了吕布前任主公因其遇害之事，令曹操顿然醒悟，吕布不除，必有后患。曹操从共剿吕布之事，看出刘备处事周全，是个不可多得的贤才，若能留在营中，听己差遣，必能助己平定大江南北。

当时，刘备虽势单力薄，无法与曹操、吕布、袁绍等人的势力相抗衡，但他的贤德之能，却是其他诸侯所不具备的优势。刘备并非等闲之辈，其胸怀大志，兴复汉室是他一直的心愿。若不是因为当时形势所逼，是万万不可能投靠曹操的。曹操因为刘备是名不可多得的人才，想留在自己身边，可见其胆识过人。难道他就不怕养虎为患？

曹操在求贤令中明确表达了自己的求才若渴之心，不问品性、不问背景、唯才是举，是曹操用人的一贯作风。对于刘备，曹操垂涎已久。刘备可不是一般的能人强将，曹操自知刘备心不在此，但还是对其抱有很大的希望。

刘备来投靠，曹操大悦并以礼相待。刘备宁愿投靠曹操也不归降于袁绍，可见刘备机敏之处。当时，曹操有意唆使刘备抵抗袁绍，明知刘备势不敌袁，还故做好人，封刘备为镇东大将军，厚待刘备，彰显其爱才、惜才之意。就当时刘备的势力而言，根本不在曹操考虑的范围之内，除去吕布，战胜袁绍，平定北方才是曹操的真正意图。虽然刘备有自己的军队和一群忠心义胆的将士，但对于当时的曹操是构不成威胁的。

巧用刘备，平定吕布。曹操在攻打吕布时，取胜的把握并不是太大，而刘备的加入，为曹操创造了时机。正当曹操手下缺人手的时候，刘备来投，曹操自然高兴，对其以礼相待，封官赏兵，大力支持刘备攻打袁绍，拉拢军力主攻吕布。最后，刘备虽附和曹操平了吕布，但曹操也因此对刘备有了一定的认识。他认为，刘备可用，不可重用。用，是因为其贤德之才；不重用，是因为曹操看出了刘备的野心，只不过当时其势力相对薄弱，并没有放在心上。

青梅煮酒论英雄，曹操铤而走险。曹操虽有心拉拢刘备，但刘备有自己的主见，自立门户是刘备的梦想，否则他也不会打着大汉后世的名义闯荡天下。于是，曹操便有意与刘备共同煮酒，大论天下英雄之事。曹操假意试探刘备的野心，但狡猾的刘备并没有表露其真实的想法。刘备听到曹操对他的赞赏时，吓得筷子都掉了，不难看出，刘备故意摆出一副受宠若惊的样子。曹操见刘备无心归于自己帐下，便也不强留其与之共事。

由此可见，曹操想用刘备是真，但刘备有自己的想法，是曹操所抵制不了的。青梅煮酒中曹操看出了刘备的心思，虽在攻打吕布时，刘备为己立下了汗马功劳，但这是冒险与对手合作，也只有胆大心细的曹操才做得出。

强强联合，强弱结盟，在当今企业中是常有的事。与自己的对手为舞，与弱者为盟，不仅能达到事半功倍的效果，还能体现出企业间互利合作的精神。但有的老板不明其意，在稍有实力时，总觉得人家不如自己，觉得人家来求自己就要抬高身段，才能显出自己的特殊。事实上，这是大错特错的愚蠢行为。换个角度来思考，相互弥补空白之处，才是对企业真正负责。作为企业的领导者，更应该懂得善用人才的道理，要让有才华的人在企业中发挥其应有的作用，才是明智之举。

创业看点

养虎为患，这是愚者的观点，对于胆识过人的曹操而言，冒险为求人才，是值得一搏的。虽然刘备最后没能归从曹操，但是见曹操唯才是举的做派，令天下人称赞其包容之心、海纳百川之意。

·第四节·

光脚迎许攸——善待跳槽人才

一句"山不厌高，水不厌深。周公吐哺，天下归心"道出了曹操求才之心。正是由于曹操对人才垂爱，才使得贤才蜂拥前往。许攸，对于曹操来说，是平定袁绍的一枚重要棋子。正所谓民以食为天，行军打仗更不能没有粮草，而许攸则是向曹操献计偷袭袁军粮草囤积地乌巢的有功之臣。

曹操、袁绍与许攸曾是故友，许攸曾在袁绍手下共事。许攸字子远，是南阳（今河南南阳）人。在与袁绍共事期间，许攸多次向袁绍出谋划策，但都没有被袁绍采纳，这令许攸深感不满。由于袁绍狂妄自大，听不进他人的劝说，令许攸动了跳槽之念。直至官渡之战爆发，当时袁绍十万精兵围攻曹操，曹操身处水深火热之中，要想破敌只能智取不能强攻。

曹操深知粮草是军中物资所需，不可或缺。此时曹军久守官渡，军力渐乏，军粮供给也越来越困难。粮草充足，才能上阵迎敌。于是，曹操命人操办粮草，却都被许攸所截，官渡之战胜算渺茫。但是，袁绍刚愎自用，不听许攸的进谏，还猜忌许攸与曹操暗中勾结，结果导致许攸与袁绍反目成仇。一气之下，许攸弃袁绍转投曹操。曹操听闻许攸到来，欣喜若狂，光脚相迎。曹操并不在意许攸曾是袁绍手下的谋士，对许攸所提出的意见大加赞许。

许攸投奔曹操，在官渡之战中起到了关键性的作用，扭转了当时的战局，使曹军从被动变为主动。许攸向曹操提出，当务之急应速战速决，抢占粮草先机，偷袭乌巢，切断袁绍的粮草供给。此外，他还提出兵分八路攻打邺郡。这一系列的谋略，曹操都听而从之，对许攸言听计从，从未起过任何疑心。果然，袁绍在许攸设下的圈套中仓皇逃跑。

许攸跳槽投靠曹操，是他人生中光彩照人之举。曹操得一谋士，胜过得一城池的求才之情，在他光脚迎许攸中展露无遗。袁绍肯定至死也没有想到，他居然会败在自己的谋士手下。许攸在官渡之战中功劳不小，救曹操于危难之时，献计转败为胜，为曹操平定北方大业起到了决定性的作用。

跳槽之人，必有跳槽之因。许攸的跳槽绝非偶然。许攸虽曾是袁绍手下的谋士，但曹操对他言听计从，从而扭转了战局。曹操深知许攸是个不可多得的人才。许攸能在袁绍势力强大之时，来投靠被困的曹军，这足见许攸为求明君展其才能之切。袁绍本来势力非常强大，要取胜本应易如反掌，但却因为自己的狂妄轻敌，疑心猜忌，最终十万精兵败在曹军手下，走向灭亡。许攸曾多次向袁绍献计，但袁绍都因猜忌之心将其拒之门外。曹操则对许攸进献的计策加以采纳，显得更加贤明。

没有带不好的兵，只有做不好的将领。曹操、许攸、袁绍三人曾经是故友，对于彼此的脾性都颇为了解。许攸在袁绍手

下并没有得到重用，差点埋没了才华，而在曹操手下他的计谋得到了曹操的赞赏，为曹操带来了官渡之战的胜利。曹操光脚相迎许攸，突显了其对许攸的惜爱。

当今社会，民营企业占据市场主导地位，却没有一套科学合理的人力资源体系，使得一些有才华的员工频频跳槽。一个企业的人才外流，意味着企业的管理亮起了红灯。相反，当企业接收跳槽人才的到来时，意味着要建立双方的信任感，注重企业人才管理是谋求企业发展的必经之路，才能让人才更尽心尽力地为企业出谋划策。对待跳槽的人才，应该发挥他的长处，提供有利的发展空间，留住人才。**人才的竞争是企业生存的王道，善用人才是取胜商战的关键。**

许攸并非是随意投靠曹操，他带着自己的梦想投靠贤明的曹操，希望能在曹操手下发挥自己的才能，彰显自己的才智。曹操令许攸达成了自己的心愿，许攸也给了曹操一张满意的答卷。许攸没有令曹操失望，曹操因此更加坚信，对待跳槽的人才，不是不可用，给其提供一个可发展的平台，能带来更大的收获。

创业看点

　　袁绍的战败，是因为他对人才的不重视。曹操官渡之战的胜利，是因为他善待跳槽的人才。唯才是举、用人不疑的方针，在曹操打败袁绍时起了决定性的作用。

提拔马弓手——破格重用基层人才

曹操在《求贤令》中提出，唯才是举，量才适用，不论品行、脾性，只要有才皆为人才。这表明了曹操对人才的定义。曹操不仅对外招纳贤才，在自己的军队内部也时常提拔优秀的人才。乐进、于禁、典韦曾经都是马弓手，经过曹操的再三提拔，成了曹军中的能人强将。

乐进，字文谦，是阳平卫国（今河南清丰）人。东汉末年，乐进本是曹操手下的一员小吏，后为曹操招募兵马千余被提拔为假司马，即马弓手。随后，又跟随曹操征战吕布，屡立战功，被封为广昌亭侯、讨寇校尉。由于乐进表现出众，在攻打袁氏兄弟的战役中再立战功，曹操封其为游击将军。乐进在曹操帐下，胆识过人，多年跟随曹操南征北战，屡屡立下战功，为曹操平定北方做出了不可磨灭的贡献。

于禁，字文则，是泰山钜平（今山东泰安南）人。于禁本为鲍信的一名部将，后归从于曹操，即拜军司马。后又在曹操征讨张绣、收编青州兵、官渡之战时频建军功，继拜虎威将军，与张辽、乐进、张郃、徐晃并称为曹操的五员大将。

典韦，陈留己吾（今河南商丘市宁陵县己吾城村）人。本是张邈的士卒，后跟从夏侯惇，因征战有功拜司马。在曹操征战吕布时，典韦有功，提升为都尉并被曹操收作自己的护卫，经常带领数百精兵，行走在大帐周围。

从这三人的官位变迁可以看出，曹操对于内部人才的提拔还是有规可循的。论功行赏，才能激起将士效忠的热情。曹操对外广开贤路，对内提拔优秀人才，内外兼顾，不放走一个可用之才，而这些人才也在战场上屡立战功，没有辜负曹操的赏识。

从基层出发，培养内部人才。曹操深知人才是要培养的，从稚嫩到成熟都需要一定的过程。曹操在选用人才时，观察部下的长处，培养将士的作战能力。于禁、乐进、典韦都是曾经的马弓手，但都得到了曹操的赏识，成为名声显赫的猛将，驰骋战场，战绩连连。

论功行赏，激励将士。曹操对待人才，有着自己的一套方法，对于有功之臣给予一定的奖励，对于有罪之臣也会给予适当的处罚。适当地进行提拔，不仅提升了部下的积极性，在战场上屡建战功，而且还将自己唯才是举的意识，传达到了每一位将士的心里，使得众将齐心，为自己创事业、打天下尽心尽力。

建立信任，给部下发展的空间。虽然于禁、典韦、乐进是马弓手出身，但是曹操对他们非常信任。曹操战吕布的时候，曾经组织了一支敢死队，当时典韦就是队员之一。在情况紧急之时，曹操将重担交给一个小小的马弓手，足见他对自己部下的信任程度。再看于禁，官渡之战时，以极少的兵力抗拒于延津，可见曹操对部下必胜信心之高，对于禁的信任程度之深。正是因为曹操对部下信任，才使得部下尽情施展自己的才华，为曹操征战沙场。

综上所述，曹操启用内部人员、提拔内部人才的行为表露无遗。他对自己的部下如此信任，为他平定北方奠定了基础。

在现代企业中，人才的培养十分关键。目前，也有许多企业将目光投向内部员工的提拔，一些企业经常对业绩较为突出的员工进行管理培训，增强其管理方面的知识，将其提升为管理型人才。注重企业内部人才的培养，是企业在激烈的商战中培养人才的有效方法之一，也是优化企业人才、为企业发展添砖加瓦的捷径之一。

创业看点

曹魏武将并非个个出身于英雄世家，他们都是经过无数次的磨炼，才练就了一身铜皮铁骨和过人的胆识。曹操不仅为将士提供了一个广阔的发展平台，还为自己的事业开创了培养人才的实践基地，以便于对人才加以优化，更好地用于征战之中。

第二章

选人管理

·第六节·

诚心化张辽——慧眼识人才

曹操不断地寻找人才，慧眼识英才。张辽的出现，令曹操眼前一亮。其英勇奋战、所向披靡的本领，在诸多战事中频频展现。有人说，曹操得张辽，如同刘备得关羽，此二人都是旷世奇才、战场猛将。

曹操抓获吕布后，虽吕布在当时有"第一猛将"之称，但曹操最终还是没有留下他，相反曹操把眼光投向了吕布手下不起眼的张辽。张辽，字文远，是雁门马邑人。张辽原本在董卓麾下，董卓死后，他带领残余部下归顺吕布。他在吕布手下虽不起眼，但对吕布十分忠诚。这一点让求才若渴的曹操发现了，曹操认为若张辽能为己所用，他日终成大将。

张辽自知吕布并非明主，壮志未酬怎能甘心？于是，张辽痛斥曹操，以表自己对吕布的忠心，同时，又对自己怀才不遇的境况感到痛惜。曹操听到张辽责骂以后，并没有采取任何反驳和过激的行为，反而对他加官晋爵，这令张辽十分感动，更加坚信曹操是位明主，值得托付，于是便顺势投靠了曹操。

张辽的加入，为曹军增色不少。在曹军征讨战役中，张辽屡立战功，曹操对他视为亲信。在赤壁之战中，张辽救曹操于困境之中，后又与乐进、李典等人围剿孙权，以二千余骑兵打败了十万敌军，彰显了他在战场上的才华。张辽源为曹操平定北方屡次立战功，他自己也因此名扬天下。

由此可见，曹操将张辽收纳入自己帐下，可谓慧眼识人才。张辽在董卓、吕布二人的麾下时，并不起眼，但在曹操帐下大显所长，威武战场，足见曹操识人、用人之道。

以诚相待，收服人心。张辽在吕布帐下时，曾多次使曹军陷于困境之中，但曹操并未记恨，反而对张辽的军事才华相当肯定。任凭张辽责骂，曹操不动声色，并重用张辽，令张辽不得不佩服曹操海纳百川的雄心气度，并因此报曹操的知遇之恩。

知人善任，是一种领导艺术。曹操的用人观是当时众多诸侯无法超越的。作为一统北方的领导者，曹操慧眼识人才，知人善用，才使张辽在曹军中大展其才。在曹操帐下，张辽的官职随着其战绩不断攀升，从一开始的中郎将、关内侯，到裨将军、行中坚将军、荡寇将军，封都亭侯，再到征东将军，一路走来，曹操对张辽加官晋爵，激励张辽誓死效忠。

德才兴邦，德才兴业。得到张辽是曹操的万幸。曹操几次险入虎穴，难以脱身，幸得张辽舍身相救，才幸免于难。张辽的加入使曹操如虎添翼。他跟随曹操征战山东、讨伐袁谭、消灭袁尚、平定辽东，帮助曹操结束了各方混战的局面，为北方归统于曹操起到了有力的推动作用。

综上所述，曹操挑选人才，有自己独到的眼光。张辽不仅勇猛过人，有胆有识，他精于用兵、善于谋略的本领也在曹操帐下发挥得淋漓尽致，使曹军屡打胜仗，增强了曹军上阵杀敌的气势，为曹操雄霸一方打下了坚实的基础。

现今企业中，人才辈出，但是有些潜在的人才，还是需要领导去发掘的。作为企业的领导，都应具备一双慧眼，鉴别人才，做到知人善用，才能有效地推动企业的发展。有才能的人往往恃才傲物，狂傲不羁，令许多领导难以接受。但是，企业以发展为根本，善用每个人的长处才是关键所在。作为领导都要学会控制个人的情绪，不要将自己的主观意识强加于选人、用人当中，应该从客观的角度出发鉴别人才，善用人才。适当地对下属进行鼓励、嘉奖、赞赏有益于激励员工的工作热情。以诚心打动下属，将心比心，才能赢得下属的尊重，使员工为企业尽心尽力。

创业看点

千里马常有，而伯乐不常有。曹操则是三国时期的伯乐，他慧眼识才。张辽在之前几个主公手下都没有得到重用，而曹操鼓励人才自由发挥，使得张辽大胆地施展自己的才华，在曹军中大显本色，为曹操一统北方做出了卓越的贡献。由此可见，曹操的伯乐能力，在当时是无人能及的。

苦心留关羽——不拘一格"降"人才

唯才是举，唯才是用，是曹操的用人作风。在必要的时候，曹操不拘一格降人才，收到了非常好的效果。关羽是曹操曾经垂青的人才之一，对待关羽，曹操可谓是费尽心思，想尽办法，但最终关羽还是没有留在曹操帐下。

关羽，本字长生，后改字云长，是河东解良（今山西运城）人。在刘备聚众起兵时，关羽跟随刘备四处闯荡，两人情谊颇为深厚。在众诸侯商讨伐董卓之时，关羽斩华雄的举动，令曹操叹服。关羽气度非凡、义薄云天，更是令曹操叹为观止。曹操心想，世上竟有如此义士，若能为己所用，恰似如虎添翼。于是，曹操决定想办法留下关羽。

据《三国志·蜀书·关羽传》记载："曹公擒羽以归，拜为偏将军，礼之甚厚。绍遣大将军颜良攻东郡太守刘延于白马，曹公使张辽及羽为先锋击之。羽望见良麾盖，策马刺良于万众之中，斩其首还，绍诸将莫能当者，遂解白马围。曹公即表封羽为汉寿亭侯。"

曹操对关羽可谓是用心良苦，每次征战归来都给予丰厚的奖励，以示其待人的豁达之意，同时，也希望用这些来留住关羽。但是曹操自知关羽和刘备交情颇深，刘备无意在曹军效力，难免会影响关羽的去留之心。于是，曹操便派张辽去劝说关羽。

关羽向张辽倾吐了自己的心声。他自知曹操对自己的赏识，但他结识刘备在先，对于曹操的恩情赏识，只能是心领。曹操得知关羽去意已决，不再强留，并对关羽杀颜良之事予以重赏。随后，关羽拜书向曹操告辞，而跟随刘备投奔于袁军。曹操命左右使者不要去追关羽，并说道："彼各为其主，勿追也。"由此可见，曹操对待关羽算是仁至义尽。

煞费苦心，谋求人才。重金相邀，托人相劝，只求关羽。曹操在留关羽时，不惜花费大量金钱，然而，关羽视金钱如粪土的傲气，更令曹操感叹其义气过人之处。曹操通过金钱留关羽行不通，便想通过张辽的劝阻来挽留关羽。但是，关羽是个重情重义之人，即使曹操对关羽有心栽培，关羽也不能辜负先主刘备的知遇之恩。曹操煞费苦心，挽留关羽，虽没有成功，但给众人留下了一个爱才、怜才的形象，为其日后广纳英才树立了良好的明主形象。

重情重义之人，涌泉相报之恩。关羽知道曹操对自己的赏识，也明白在曹操帐下有着大好的前程，当然，对于重情重义的关羽来说，兄弟情义比功名利禄更具有诱惑力。但是，对于曹操的盛情款待，关羽还是做出了相应的回报，以答谢曹操对自己的赏识。在曹操最困难的时候，关羽毅然领命，斩颜良、诛文丑。算是报答了曹操对自己的恩情和厚爱。

对待人才，取舍有道。曹操对待人才，取之有道，用之有方，是其用人的一大特色。曹操自知留不住关羽，便放下身段，让张辽去打探关羽的去意，表明了对关羽的赏识和想留住关羽的迫切心情。在关羽要走的时候，还给他封赏，既然留不住，就让他自由地发展，显现了曹操对人才的宽宏大度。

当今社会竞争激烈，企业员工的去留每天都会有变化，究其原因有很多，但对于企业来说，员工的去留对企业的发展意义深远。企业能否留住人才，是决定企业发展的关键。人才对于企业来说是发展的根源，首先要制定完善一系列制度和激励政策，激励员工在企业中发展。其次，适当地采用提高待遇留人的办法，会得到意想不到的收获。最后，重视员工的素质培养，员工素质是决定团队和谐发展的关键。

创业看点

曹操正是如此，在选人、用人方面，投入大量的时间和金钱。有成功，也有失败，但无论成败，对于他来说都是有百益而无一害的。时代造就英雄，英雄成就时代，曹操在这个时代中，不漏走一个人才，也彰显了他的气度。

荀彧荐郭嘉——鼓励公司员工推荐人才

"青青子衿，悠悠我心。"曹操手下虽贤才众多，但是在群雄混战的时期，人才济济，可谓长江后浪推前浪，只有不断地增加人才，才能使自己的队伍立于不败之地。曹操身边原有个谋士叫戏志才，对于他的去世，曹操如同失去左膀右臂，他为日后的征讨无谋士而担忧。而此时荀彧向曹操推荐了一名才华出众的谋士，那就是郭嘉。

郭嘉（公元170年—207年），字奉孝，是颍川阳翟（今河南禹州）人。郭嘉智慧非凡，对于军事谋略有独到的见解。他曾经听友人之劝投靠于袁绍帐下，但是经过多日相处，郭嘉发现袁绍不得用人之道，并非一位明主，于是他在袁绍声名显赫之时，毅然离开了。

公元196年，曹操的得力谋士戏志才去世。曹操写信给荀彧，让他推荐一名可以替代戏志才位置的谋士。荀彧便顺应曹操之意，将郭嘉推荐给了曹操。曹操在与郭嘉谈及谋士素质的话题时，郭嘉将战争比作下棋，他指出，熟悉兵法只是一块入门砖，唯有在战场上随机应变才能把握战机，谋取胜利。曹操对郭嘉的分析非常满意，不禁感叹道："使孤成大事者，必此人也。"而郭嘉也从与曹操的谈话中感觉到，曹操是个难得的明主。

与郭嘉共事，曹操喜出望外，两人相见恨晚。要不是荀彧的极力推荐，恐怕错失一良才。曹操听闻郭嘉到来，十里相迎，共论天下大事。郭嘉机智过人，当曹操与郭嘉谈论时，郭嘉一语道破要害，提议曹操趁着袁绍在攻打公孙瓒的时候，先把吕布给消灭了，不仅能够扩大曹军的实力，又可以避免日后曹袁开战时，吕布从中作梗，威胁曹军。真是一语道破梦中人，曹操听了郭嘉的建议，大加赞许。

针对岗位，鼓励下属举荐人才。戏志才的去世令曹操十分悲痛。在人才短缺的紧急关头，曹操首先想到的是写信给荀彧，让他推举人才。这一方面表现了曹操对荀彧的信任，另一方面表现了曹操推崇部下推举贤才，共谋发展。事实证明，曹操的想法是明智的，荀彧是曹操的得力助手，他所推荐的人才，同样对曹操尽心尽力。

内部举荐，减少弯路，锦上添花。当形势比较混乱时，时间是相当宝贵的。军中缺少谋士，很可能会使军队陷于困境之中。曹操通过内部举荐的方式得到了郭嘉，犹如喜从天降。可见，曹操找荀彧是十分明智的，节省了苦寻谋士的时间，少走了很多弯路。

重视人才的建议，虚心倾听。郭嘉之所以弃袁绍而去就是因为袁绍不善于倾听，不明是非，狂妄自大。而对于曹操，郭嘉在与他的交谈中，感受到了曹操的宽广胸怀和海纳百川的气度，在与曹操交谈后，郭嘉不禁叹道："真吾主也。"据《荀攸传》记载："征吕布，三战破之，布退固守。时士卒疲倦，太祖欲引军还，嘉说太祖急攻之，遂擒布。"这令曹操对郭嘉更是刮目相看。郭嘉对军事战略和兵法运用娴熟，是以往的谋士所不能比的。郭嘉明晰透彻的分析，为曹操贡献了许多策略。

曹操对郭嘉的赏识，不亚于其他将士，他没有因为郭嘉曾经在袁绍手下做事而有所避讳。通过员工推荐获得人才也成了当今企业的选择之一，员工之间相互了解，向企业有针对性地推荐人才，有效地减少了招聘人才所花费的时间和精力，同时保障了公司项目的正常推动。适当地对人才进行奖励和鼓励，增进人才与企业之间的交流，可以有效地促进企业的发展。

创业看点

"得人者兴，失人者亡。""得贤则昌，失贤则亡。"曹操认识到人才决定大业的成败，因此在选用人才方面尤为慎重。这为其奠定了扎实的识人、用人基础。

下达修学令——企业内部培养人才

曹操的用人方针，在当时为他招来了不少的人才。而对于人才管理，没有一套硬性的制度管理，是很难将这些人才聚拢到一起的。曹操意识到，除了谋求人才以外，还应该学会培养人才，发展人才，为自己源源不断地输送人才。《论吏士能行令》则是曹操实施人才能力培养和提高的办法之一。

曹操在创业之初、地位未显时，多用招降纳叛等手段网罗人才，在他有了显赫地位之后，便凭借手中的权力，公开树起了一面不拘微贱、不看身世、只要有才便吸收录用的旗帜。

建安八年（公元203年），曹操基本上平定了北方，即下达了《论吏士能行令》，其中引用管仲的话宣布说，"使贤者食于能则上尊"，"使贤者食于能"。说起来容易，做起来很难。因为东汉末年政治十分腐败，"举秀才，不知书，察孝廉，父别居"，名门士族垄断了吏治与人事的大权。

东汉时，郡县曾普遍设立学校，郡、国称学，县、邑称校，学、校皆置经师；经师通称文学，或称文学掾、文学史。

儒学的主导面是消极的，但它所提倡的仁义礼让等封建道德，在封建社会对于提高人们的道德水准、改善社会风气确曾发挥过有益的作用，曹操提倡"修文学"，在当时是不无积极意义的。

汉末自董卓之乱以来，学校被毁，人才四散，要重新恢复并不是一件轻而易举的事情。曹操能够在戎马倥偬、百废待兴的时候考虑到恢复和发展文化教育事业，很不容易。特别是在当时战争频繁的情况下，曹操仍然未雨绸缪，着眼长远，从这一点可以看出他的气概和眼光确实是与众不同的。

几经受挫，曹操深深地感到，要真正造就一支生气勃勃的干部队伍，必须在改革吏制上做文章。曹操"唯才是举"，"不拘微贱"，并不是不讲德行。他要求的才，是德才兼备之才；他要求的德，是能够为其统一霸业服务的德。抛弃"唯才是举"中的封建糟粕，他提出的这一用人原则，至今有着十分重要的现实意义。需要补充的是，曹操还十分重视广开学路，从根本上培育人才，解决人才匮乏问题。

当前在人才争夺战激烈上演的同时，企业逐渐发现很难从外面聘请到合适的人才。于是，大部分企业开始意识到必须注重培养内部人才，而培训正是企业培养人才的一种不可或缺的方式，也是最直接、最有效的方式之一。企业培养内部人才，有以下几点好处。

产生激励效果和榜样力量。内部选拔能够给员工提供晋升机会，使组织的成长与员工的成长同步，有美好的愿景，容易鼓舞员工士气，形成积极进取、追求成功的气氛。获得晋升的员工能为其他员工做出榜样，发挥带头作用。

提高员工的忠诚度。获得聘用的内部员工，本身就是在品德、能力和专业方面都比较优秀的员工，他们不仅把企业当作自己"事业的平台"，还把企业当作是"命运的共同体"，因而对组织的忠诚度较高。

成本低，效率高。内部招聘可以节约高昂的费用，同时还可以省去一些不必要的培训，减少了间接消耗，而且人才离职、流失的可能性小。现有的员工更容易接受领导和管理，易于沟通和协调，易于消除边际摩擦，方针容易贯彻执行，易于发挥组织效能。

创业看点

曹操下达修学令使军营上下有了新的突破。军营中，人人学习，大到将领，小到侍卫，无人不积极响应曹操所下达的指令，一时间掀起了学习的热潮，推动了曹军人才库的素质提高，为曹操储备了大量的人才。

【第三章】

用人
管理

重用郭嘉等——重用从
竞争对手阵营"叛逃"的人才

在曹操所喜爱的谋士中，郭嘉是最为典型的代表。郭嘉自幼聪慧过人，自信而清高，喜欢无拘无束的生活方式，但他在交友方面却非常挑剔，他认为，交朋友，道不同者，不相为谋，也正因如此，他只与心目中的仁人志士来往。

郭嘉21岁的时候，好友田丰等人鼓动他投奔到袁绍帐下。当时的袁绍被称为"天下英雄"。袁绍得知郭嘉加入，对其极为敬重并厚礼待之。数日之后，郭嘉便看出袁绍是一个不识用人之道、骄傲自满的人，不是个做大事、成大业的人。于是，郭嘉毅然离袁绍而去。就这样，郭嘉一直在家赋闲6年，终于在公元196年，郭嘉遇上了明主曹操。

当时，曹操最为器重的谋士戏志才过世，曹操伤心欲绝，让下属举荐一名可以替代戏志才位置的人才。于是，郭嘉便有了为曹操效力的机会。曹操对于郭嘉的到来，喜出望外。虽然郭嘉曾在袁绍手下做过谋士，后又弃袁绍而去。但曹操一点也不介意，他看重的是郭嘉的才华。郭嘉通晓事理，足智多谋，受到曹操的赏识。郭嘉也因投得明主，尽心尽力地为曹操效力。

曹操之所以用兵如神，"仿佛孙吴"，大部分谋略的功劳非郭嘉莫属。几乎每次曹操出征，郭嘉都是随从参谋军机，行军时与曹操并肩而行，议事时也是和曹操同席而坐。每逢军国大事议论纷纷时，郭嘉的计策总是正确的，并且他的策略从无失算，真正达到了算无遗策。郭嘉向来不遵守礼法，以其超群的智谋被曹操重用，也只有曹操这种具雄才大略之士，才敢于使用郭嘉这类藐视礼法的人。他把小自己二十多岁的郭嘉引为"知己"，更是对年轻的郭嘉寄予了无限的希望，打算在平定天下之后，把身后的治国大事托付给郭嘉。

当郭嘉病重卧床时，曹操不断派人探视，"问疾者交错"。当郭嘉病逝时，曹操亲至灵堂，悲痛万分，更用诗一般精练的语言道出了自己的无限哀伤和惋惜："哀哉奉孝！痛哉奉孝！惜哉奉孝！"（本传《傅子》）后更表奏朝廷说："军祭酒郭嘉，自从征伐，十有一年。每有大议，临敌制变。臣策未决，嘉辄成之。平定天下，谋功为高。不幸短命，事业未终。追思嘉勋，实不可忘。可增邑八百户，并前千户。"

由此可见，曹操对郭嘉的重视非三言两语所能道尽，他的真心诚意令郭嘉感动，令世人赞叹。

不拘小节、重用人才是成功的关键。在曹操的诸多谋士中，唯独郭嘉最了解曹操，两人关系亲密，犹如朋友一般。据载，二人行则同车，坐则同席，其亲密程度可见一斑。在严于治军的曹操营帐里，郭嘉有很多不拘常理的行为，但在偏爱他的曹操眼里，此乃非常之人，不宜以常理拘。曹操手下有一位纪检官员叫陈群，曾因郭嘉行为上不够检点奏了他一本。但是曹操一面表扬陈群检举有功，一面却对郭嘉不闻不问。不仅如此，曹操还暗地里为郭嘉一如其旧的生活作风喝彩。在长年征战生涯中，曹操总是把郭嘉带在自己身边，以便随时切磋，见机行事。

十胜论的成功，打造王者风范。郭嘉对曹操最大的贡献主要表现在消灭袁绍的战争中。官渡之战前，郭嘉提出著名的"十胜论"，为曹操战胜袁绍、平定中原奠定了思想基础。后来，袁绍死后，为斩草除根，郭嘉又"遗计定辽东"，帮助曹操彻底清除了袁氏势力。可以说，在消灭袁氏势力的斗争中，郭嘉居功至伟。

从古至今，我们不难发现，一个集团或者一个群体的领导者善用那些"能知孤意"之人，而郭嘉正是曹操日思夜盼的人才。曹操自扫平袁氏、统一北方以后，便壮大了野心，"常有夺取荆州之意"。但天妒英才，郭嘉的早逝，令曹操在日后的征战中失去了谋略家"坚实的臂膀"，在赤壁之战中，被刘备打了个措手不及。

现代企业中，猎头公司数不胜数，人才的竞争也是相当激烈。对于企业而言，人才是成功的基石，必要时从竞争对手那里挖掘人才，也是可行的。

创业看点

重用从竞争对手那里"叛逃"的人才，曹操不仅得到了人才的心，而且还为自己创下了非凡的业绩。从曹操身上，我们看到了一个领导者惜人用人的气度。

·第二节·

魏种亦弃孤——大肚量容人才

作为一名领导者，要有海纳百川的胸怀。曹操正是如此，在他帐下的众多人才中，反叛之人数不胜数，若要逐一责罚，恐怕他难成一统北方的大业。俗话说："有容乃大。"曹操对待魏种就颇有君王风范。

当初，曹操在兖州推荐魏种为孝廉。兖州反叛时，曹操说："只有魏种不会辜负我。"听到魏种逃走的消息，曹操大怒，说："你魏种不逃到南越、北胡，我就不放过你！"攻下射犬以后，曹操生擒魏种，却解开捆绑他的绳索，任用他为河内郡太守，让他负责黄河以北的事务。曹操说："只因为他有才干！"

魏种原本就是曹操的故交好友，曹操在兖州又推荐魏种为孝廉之人。在曹操心里，魏种是绝不会背叛自己的人，所以魏种的叛逃令他大失颜面。可是，在活捉魏种后，他仍旧宽而待之，这个举动令诸多将士折服，感召了其他叛逃的人纷纷自动返回。

由此可见曹操的胸襟和肚量之宽。他对待人才毫不吝啬，不计前嫌，宽宏大量，不追究人才的过失，只讲究人才的可用之处。这正应了曹操"唯才是举"的用人方针，为其收拢人才做了铺垫。宽释魏种相当于为曹操广招人才做了个活广告，比空口白话更能说服人心。

马有失蹄，人有失足，自检使人进步。曹操兖州的失败，对魏种的高估，都是人之常情。懂得自检，在失败中求发展才是真正的智者。曹操对魏种的重用，可谓是一箭双雕、一举两得。原本可能失去的人才，都因此举一一归顺，这对于曹操而言实乃喜事。

有容乃大，方能成就大业。曹操对魏种宽容有加，对很多将士的背叛也是宽厚相待。在官渡之战大胜时，曹操搜集到了一些曾经私通袁绍的书信。当初谁也没有想到曹操能够战胜袁绍，以曹操当时的实力真是以卵击石、不自量力。人心涣散、军心不稳是兵家大忌，曹操并没有怪罪这些将士与袁绍私通，反而把这些书信当着众将士的面扔进了火里，销毁了罪证。据《三国志·魏书·武帝纪》记载：公收绍书中，得许下及军中书，皆焚之。公云："当绍之强，孤犹不能自保，而况众人乎！"

临危不乱、处变不惊，是领导者应该具有的素质。曹操曾多次处于险境之中，但每次的困难曹操都从容面对。这令众多将士们不得不叹服曹操的气度和胸襟，无论是在官渡之战，还是在赤壁之战，曹操都沉着迎战，乐善用人的作风，从来没有改变过。如果不是宽大的胸襟，曹操就不会在华容道赢得关羽的同情，更不会有后来的雄踞一方。

俗话说：大难临头各自飞。有福同享，有难我担，这才是真正的领导者。曹操正是这样一名敢于担当的领导者。当今社会，很多企业都实行了权责制，但是，在企业处于窘境时挺身而出的领导却寥寥无几。领导者要起到带头作用，气度和胸襟是不可或缺的素质之一。企业用人，为的就是解决问题，而不是将问题丢给他人。**唯有那些处变不惊、临危不乱、知人善任之人，才是企业优秀的领导者。**

曹操曾自嘲说："大战时，我自己还有丧失信心的时候呢，更不用说别人了。"话虽如此，我们不难发现，作为领导者不仅要控制好自己的情绪，还要为下属们鼓舞士气，这样才能聚拢人气，在气势上压倒对方，赢得战机。曹操爱才、惜才在当时是出了名的，他从未为了一时之气而放弃一统天下的雄心大志，更不会因为叛逃之事而放走一个可用之才。

事实证明，曹操的做法是正确的。

创业看点

魏种在得到曹操的宽释之后，对曹操再也没有萌生反叛之心。通过曹操宽释魏种这件事可以看出，领导需要对人才充满信任和宽容。谁都会有犯错的时候，唯有信任和宽容才能留住人心。

丁裴可用论——瑕疵之人也有任用的价值

曹操帐下人才各异，每个人的脾性也有很大的差别。严格地说，在曹操帐下，没有一个人才是完美无缺的，在曹操的三道求贤令中，指明了"唯才是举"的用人方针，不论品行，不论脾性。在曹操眼里，有瑕疵的人也是有任用价值的。丁裴正是这类人才的典型代表。

丁裴原是曹操的老乡，是曹操妻子丁夫人的远房表亲，负责掌管曹操的车马钱粮。丁裴生性爱占小便宜，一生并没有什么很大的作为。在他当官的时候，有一次他将公家的肥牛与自家的瘦牛私自调换，结果被人检举，差点丢了官职。这事让曹操碰了个正着，曹操认为，丁裴虽生性好贪，但是有可用之处。毛玠曾多次向曹操提出要重罚丁裴，都被曹操拒绝了。曹操说："丁裴这个人，就像会抓老鼠又爱偷东西吃的猫，留着他还是有用的。"

曹操深知德才兼备之人，犹如海底捞针，在当时战事严峻的情况下，是可遇不可求的。重用人才的长处，此举使曹操迅速壮大了自己的队伍，把竞争对手远远地抛在了后面。

丁裴虽然用瘦小的牛私自偷换了公家的肥牛，但在数量上是对等的，牛没有缺失。曹操顺水推舟依了丁裴，其意就在于抓大放小。纵使丁裴从家里拉来的是瘦小的牛，但曹操相信，在人们细心的饲养下，何愁牛不会长得肥壮？

丁裴虽然爱占点小便宜，但在处事上是很有分寸的，这对于曹操而言，换几头瘦牛就算不上什么了。不管黑猫白猫，只要能捉到老鼠就是好猫，而丁裴就是这么一只能看家、守院的"好猫"，关键在于养猫的主人怎么看待猫的本领。曹操就是这样一个人，用他的话来说，这叫做重用清官、不避小贪。宽容是曹操成功的基石，知人善任更是曹操用人的关键，不避小贪，更体现了曹操对待人才的释怀。

俗话说：金无足赤，人不完人。有点瑕疵，只要没有犯大方向上的错误，都是可以赦免的。美玉纵有瑕疵，照样能赢得众人的垂爱。由此可见，曹操用人的独到之处，并不是纸上谈兵。有人说，从小事做起，可以看出一个人的修为。对丁裴来说，爱占小便宜，是铁证如山的。但是，对于一名领导者来说，权衡丁裴的优点与缺点，才是关键所在。曹操之所以把丁裴继续留在身边，是经过一番深思熟虑的。

把每个人安排到合适的岗位，才是真正的用人管理。丁裴负责掌管曹操的车马钱粮，偶尔也会占点小便宜，捞点小油水，但就其本质而言并无恶意。曹操仍旧让丁裴掌管车马钱粮，其目的有二，一方面是因为丁裴本是丁夫人的远房表亲，而丁夫人又是曹操最宠爱的妃子之一，多少也要顾及丁夫人的感受；另一方面，丁裴对他担任管车马钱粮的官职很负责任，为曹操解除了后患之忧。而这一官职能满足丁裴爱占小便宜的私欲，也就能留住丁裴效力的心。

从其他角度看待事物，会离成功更近一步。凡事斤斤计较的人，难成大事。曹操对待一些人情世故，经常会睁一只眼闭一只眼，能放则放，为下属提供自我改造的空间。

现今，企业有多少领导者能有曹操这样的气量和胸怀？唯有看到人才的本质，将其才能发挥到实处，才能推动企业的进步。作为企业的领导者，慧眼识才并不是人人都能具备的，但是透过现象看本质的本领，却是不可或缺的。

创业看点

曹操把丁裴留在身边掌管车马钱粮，正是因为丁裴贪财爱占便宜的性格。唯有爱财、贪财之人，才能把账算得精细。曹操是一位善用心计之人，他的心计也体现在了用人方针上。任用丁裴，正体现了曹操的过人之处。

·第四节·

文聘守江夏——对于优秀人才不拘小节

　　曹操曾经提出"不拘一格降人才"的用人方针，在使用人才方面，抓大放小、不拘小节，是再正常不过的事了。文聘守江夏的故事，令后人对曹操的用人之道尤为赞叹。曹操启用文聘的举措，从某种程度来讲也赢得了不少将士的心，为其一统北方集聚了人心。

　　文聘字仲业，南阳宛人，他原本是刘表的部下，驻守北方一代。刘表死后刘琮接班，当时正赶上曹操南下，准备攻打赤壁，刘琮便想带着文聘一起投奔到曹操帐下。可文聘是个重情重义之人，刘表的恩情文聘一直无以回报，现在要让他投奔曹操，对文聘来说，实在是难以接受。文聘一直坚守驻地，直到曹操南下过了汉水，才去见曹操。

　　曹操得知文聘前来，便嬉笑地说道："文聘兄，为何来得这么晚呢？"曹操以兄弟相称，令文聘有些不知所措，但一向严谨的文聘还是非常严肃地说："曹公啊，我原本是跟随刘表报效国家的人，如今却没有做到这一点，内心非常惭愧，现在我能做的只有留守在这个地方以报答先主对我的恩惠，也无愧于他托给我的孤儿刘琮。我这是在万般无奈的情况下才来见你的，我哪有心思和脸面早早地来见你呢？"说完文聘号啕大哭。

曹操听了文聘一番话后，肃然起敬，不禁也陪着流下了眼泪，然后对文聘说："文聘啊，你是个忠臣啊，这样吧，你做江夏太守吧。"文聘在江夏太守的职位上一干就是几十年，其爵位也步步高升，由原来的关内侯到亭侯，再到乡侯、县侯。虽然爵位升上去了，但是文聘一直在做江夏太守，替曹操掌管着这个咽喉要地。在这里，曹操击败了关羽，击败了孙权，文聘功不可没。

由此可见，曹操选用文聘掌管咽喉要道，是选对人了。文聘的忠诚，令曹操尤为赞赏，更为其忠心为主的那颗热忱的心所打动。曹操之所以能一统北方，与文聘坚守江夏有着密不可分的联系。同样，文聘因受到曹操的信任，尽忠职守，屡屡为他赢得了战绩。

不拘小节，诚信待人，是把握战机的关键。据《三国志·魏书·明帝纪》记载，在孙权攻打江夏的时候，朝廷知道文聘正在坚壁拒守。群臣们正在商议是否要发兵前往江夏相救，此时魏明帝曹睿说："孙权向习水战，之所以敢于下船陆攻，是想趁我方不备掩进而已。如今他的军队已经与文聘相持，现在攻守之势差以倍数，孙权最后必不敢久留。"曹睿是曹丕之子，曹操之孙，由此可见，对文聘的信任并非曹操一人，曹家世代都对文聘十分信任。

善用忠贞之人，是走向成功的关键之一。文聘驻守江夏数十年，恩威并施，名震敌国，使外敌不敢侵犯。朝廷封文聘之子文岱为列侯，又赐文聘从子文厚爵关内侯。据《三国志·魏书·文聘传》记载，曹操称赞文聘时说："仲业，卿真忠臣也。"由此可见，曹操对文聘的忠贞尤为感动。没有文聘的忠贞，就不可能会有江夏等诸多战役的胜利。

　　善用忠贞之人，对于我们现实生活中的一些企业来说也是非常重要的。一个企业如果能拥有数名忠贞的下属，就意味着其员工对企业的肯定与责任心。试想，一个对企业有责任心、忠贞不渝的员工，且不说能给公司带来多大的经济效益，单单信任方面就远胜于那些天天想着跳槽的员工。作为员工就应该有干一行爱一行的敬业精神。有句话说得好，三百六十行，行行出状元。只要坚持努力，总会有成功的一天。文聘做到了，那么活在当下的企业领导和员工们更应当向前辈学习，学习他们忠贞的品质。

创业看点

　　曹操手下，优秀人才数不胜数，文聘也位列其中，而且还是忠贞人才的典范。曹操正是看到了文聘的忠贞之心和忠义之举，才会对文聘刮目相看，不拘小节加以任用。

·第五节·

老实人于禁——信任能换取员工的忠诚

曹操之所以能笼络人心，除了其唯才是举的用人方针以外，还有一个重要的原因，那就是对待人才一贯是"用人不疑，疑人不用"。唯有信任对方，才能博得对方真诚的心。曹操对每位人才，都是以诚相待，无论是从竞争对手中叛逃过来的人才，还是自己提拔上来的小将，都是以诚相待。于禁是曹操帐下一员不可多得的猛将，曹操对他的信任不亚于郭嘉、荀攸、荀彧等人。

于禁本是一名跟随鲍信的部将，后跟随曹操。在张绣造反的时候，于禁曾跟随曹操讨伐不守军纪的青州兵，不仅如此，他还多次为迎击敌军而固守营垒，曹操因此称赞他可与古代名将相比。据史料记载，于禁作战相当勇猛顽强，特别是他作战时的冷静和沉着，备受曹操青睐。在曹操征张绣失利的时候，大军溃散，众将当中唯独于禁临危不乱。一路上，恰巧遇见了几个打着青州兵名号的人在四处抢劫，于禁为保主公名节，私自追杀抢劫财物的青州兵。谁料遭到小人的诬陷，说于禁想叛变。

对于这样的传言，于禁并没有慌乱，反而扎下营寨才去见曹操。曹操问于禁："为什么不先来解释，而是先扎下营寨？"于禁的回答令曹操折服。于禁认为当务之急，分辩事小，退敌事大，那些小人的谗言就随他去吧，身正不怕影子斜。曹操因此对于禁坚毅沉稳的作风大加赞赏，认为于禁有大将风范，后来封他为寿亭侯。

于禁是曹操亲手从队伍当中提拔起来的将领。通过整治青州兵一事，曹操对于禁更加信任，曾多次把重要的任务交给于禁去办。在败吕布、破袁绍等大小战役中，于禁大显本领，曾担任先锋和后援驰骋战场，成为曹军将领中的骨干精英。基于对于禁的信任，曹操曾经将撤销朱灵兵权一事交给于禁去处理。当时朱灵掌管着军中兵权，而于禁不过是一名小小的寿亭侯，要想拿下朱灵的兵权并非一件容易的事情，但于禁最终成功完成了任务。从此以后，于禁威名远扬，曹操也因于禁屡立战功，封他为左将军，假节钺。

由此可见，曹操对于禁的提拔，并不是没来由的。出于对于禁的信任，曹操一次又一次地为他提供升职的机会，而于禁也没有令曹操失望，每次表现都令曹操非常满意。据《三国志·于禁传》记载："太祖建兹武功，而时之良将，五子为先。于禁最号毅重，然弗克其终。"曹操对于禁有如此之高的评价，可见于禁在曹操心目中的地位。曹操之所以能雄霸一方，主要靠的就是这五子将的鼎力相助。而于禁首担其重，更是功劳颇多。

搭建信任的桥梁，是赢得下属的关键。当初有人提出于禁造反，要说曹操丝毫没有怀疑那是不可能的。曹操的疑心病在当时是出了名的，但对于禁，曹操更愿意听到当事人自己的言辞。青州兵是曹操在兖州与黄巾军作战时收编的队伍，人数众多，虽战斗力较强，但纪律性太差。士兵素质良莠不齐，外加张绣造反，把曹军搅得鸡犬不宁，军中气势溃散，稍不小心就会引起兵变。于禁的做法正是替曹操解了燃眉之急，稳固了军心。

忠诚的员工才是好员工。有人说于禁是个傻瓜，于禁的行为，如果换在袁绍的帐下，脑袋早就保不住了。庆幸的是，曹操慧眼识人，有意提拔，才有了于禁后来的成就。其实，不论于禁在谁的帐下任职，他当时惩治青州兵的行为，是作为一名合格的将领必须做的分内之事。在袁绍那里或许不会得到重用，而在曹操这里，他却是一名不可多得的好将领。在危难关头，还顾及主公的名节，以做效尤重塑军队气势，只有忠诚之人才能够做得到。

如果于禁是傻瓜，那么曹操便是把傻瓜变成英雄的核心人物。忠诚，并不意味着一个人愚笨，相反，是聪慧过人的表现。在当今企业中，就是缺少这种甘愿做傻瓜的忠诚员工。我们经常可以看到因为一点蝇头小利就出卖自己公司信息的事情发生，这是一个领导者不想看到的。**如何整治和管理企业人才，是决定企业走向成功的关键。**作为企业的领导者，更重要的是将心态放低，站在员工的角度考虑问题，以诚相待，用诚心打动员工，换取员工的忠诚，这样才能避免企业因为员工忠诚问题而陷于窘境。

创业看点

正是由于曹操对于禁充满信任，才有了后来的五子将之一的于禁，两者的关系建立在信任的基础之上。由此可见，信任人才，和人才对曹操的忠诚，是曹操完成一统大业不可或缺的重要因素之一。

陈琳管文书——委任人才不感情用事

  曹操胸怀博大，气度恢宏，从不以个人的感情来判断人才。陈琳就是这么一位敢于与曹操抗衡的人才。纵使陈琳曾对曹操百般辱骂，但曹操对于才华横溢的陈琳仍然器重。

  陈琳，字孔璋，广陵射阳（今江苏宝应）人，是东汉末年一名著名的文学家，"建安七子"之一。陈琳本是为袁绍记事、写文章的人，他笔锋相当尖锐，曾将曹操挖苦得骇然汗流。陈琳在官渡大战前夕为袁绍写的《檄州郡文》，笔力雄健，入木三分，锋芒所向，直指曹操。曹操在大破袁绍后活捉了陈琳，念其才华出众，笔锋过人，没有杀他，而是将其留在自己身边做文书，以谨自己的言行。

  由此可见，曹操对待投降而来的人，总是不计前嫌，量才适用。作为建安作家群中的重要成员，陈琳不仅有名诗《饮马长城窟行》，更有大量以散带骈、堪称一绝的文章，为曹操功绩不加褒扬。

  不带个人感情色彩，是领导者应有的胸襟和气度。聪明的人会将人才留在自己的身边，曹操正是如此，他不计前嫌，不带个人感情色彩地看待陈琳，使陈琳对曹操另眼相看，甘愿为他效力。

重视文人，妙笔生花。 在曹操的眼里，文臣们虽不善于冲锋陷阵，但他们手中的笔并不比刀枪的分量轻。曹操非常重视文人的作用，其帐下的文人，大多都被委任到合适的岗位上，充分发挥他们的专长。陈琳的散文风格豪放，文气贯注，笔力遒劲，其代表作除《为袁绍檄豫州文》外，还有《为曹洪与世子书》等。在辞赋方面，他也风采不凡，他的《神武赋》赞美了曹操北征乌桓时军容之盛的景象，写得颇为壮伟。

曹操知人善任，不戴有色眼镜看人，对待人才更是嘉勉有度。当今社会，能像曹操这样容忍曾经辱骂过自己的人，可以说是少之又少。我们经常说从客观角度来看待问题，但在现实的工作当中，却或多或少地带有个人的感情色彩在里面。比如，一些下属曾经私下议论过领导，传到了领导的耳朵里，领导便对下属严辞警告，有的甚至实行变相的打击报复。这是不可取的。

作为一名领导者，要有海纳百川的气度，要向曹操学习容忍的胸襟和气度。看待一个人的才华，要从一个人的能力出发，而不是只看其外表光鲜亮丽。如果内无实才，最终只会适得其反，达不到预期的效果。

创业看点

　　曹操尊敬文士的态度，在陈琳身上有力地体现了出来。陈琳作为文学中的代表人物，不仅推动了文学的进步，而且为曹操贡献了重要力量。

始发求言令——管理者应博采众长集思广益

　　鲁迅曾称赞曹操，"曹操一辈子追求的是治世御众之术"，"是一个很有本事的人，至少是一个英雄"。在曹操的一生中，他不断地对自己进行总结，倾听部下的意见。

　　曹操向下属们征求意见或建议，并以文书的形式向下属发布了《求言令》。建安十一年，曹操发布《求言令》，令部下广开言路，改掉那些溜须拍马、阳奉阴违的恶习，他要求部下"各言其失"，并自责说"不闻嘉谋，吾开延不勤之咎"。在当时，只有上级说下属的不是，没有几个人敢对上级说不。曹操这一革新的举措，令当时不少人对曹操刮目相看。

　　曹操通过《求言令》集思广益，令将士们引咎自责。他将多年来听不到不同意见的责任加到自己身上，并突出了"不闻嘉谋"问题的严重性；他要求属下之间互相批评，使评论优、缺点成为一种经常性行动。全文总共不足百字，内容却十分丰富，有说理分析，有情况分析，又有具体的要求，足见曹操自检之心。

从《求言令》我们可以看出曹操智谋过人之处。他不仅在不断地自检，提升自我修养，而且责令其下属自我评价和自我反省，重视团队意见，提倡互相指点，共同进步。在当时众多领导人物当中，唯有曹操能想得到这些观点并应用到人才管理中。

感情至真，以文书赢得人心。曹操不仅是名军事家，也是一名文学家。他的文章最大的特点就是没有顾忌，随意发挥。从《求言令》中可以发现，这虽是一篇命令下属自检的文书，但经曹操一说，变得非常灵活，令人信服。它没有一般公文的呆板，却有求言的恳切之情，通过引咎自责来督促部下进言。这种潇洒、通俗的写法不仅使命令摆脱了严肃性，而且使部下诚服而欣然执行。

曹操让万人敬仰，并非三两天就能做到的。曹操之所以被称为奸雄，在其用人之道上颇有体现。他令下属们自己说自己的缺点，而不是正面指出每个下属的不足之处，这样既给下属留足了面子，也为下属提供了自我调整的空间；不仅没有伤害上级和下级之间的感情，反而实现了互勉，提升了每个人的素质。

曹操之所以发布《求言令》，表面上看是曹操要通过这篇文书激发将士们的自检意识，提高将士们的进取之心，实际上，曹操另有打算。对于曹操而言，他手下的每个人都非常关键，懂得众将士的心，是了解其能否胜任要职的关键。通过求言的方式，曹操找到了了解每位将士的便捷途径。通过求言的方式，曹操将自己的不足隐藏得非常巧妙。作为一名领导者，适时地包装自己，并深入了解下属，知己知彼，等待时机准备出击，才是其真正的目的。

曹操以一篇《求言令》广揽了群臣的观点及看法。在我们现实生活中，也有不少企业效仿曹操这一做法。有的企业专门开设了"赞赏栏"，要求每个员工每天对其他员工进行赞美，鼓励对方；有的企业在开晨会时，会让员工做一些一周总结或是每日小结之类的评述，让其他员工对该员工一周或当天的表现进行总结。这样，老板不仅了解到了员工的日常工作内容，同时也更好地掌握了员工的工作进展情况，提高了员工为企业效力的积极性。

创业看点

曹操是笼络人心的能手。不足一百字的《求言令》，让众将士们倾入了自己的真心，我们不得不叹服曹操的过人之处。曹操深知要一统大业，必须做出正确的决策、改正错误的决定，唯有通过倾听的方式，才能得到真正的见解。

吏治与屯田——用人应因才制宜各司其职

吏治与屯田，是一个国家兴盛的标志。作为领导者，吏治与屯田必须两手抓，才能使治国之路走得更加长远。曹操在这两方面的贡献尤为突出，他深知国家的治理，关键就在于吏治与屯田。

吏治，是一种对待社会治理的行为责任感。曹操尚法而不苛政，据《孙子兵法注》记载，曹操"夫治定之化，以礼为首；拨乱之政，以刑为先"，由此可见，曹操十分重视法治。同时，他强调了要立法治国、赏罚分明和整肃吏治。《置屯田令》、《褒赏令》、《明罚令》等，都是曹操颁布的法令，从某种意义上说，这些法令不仅惩办了贪官，而且稳定了社会秩序。曹操用人因才制宜，他在幕府中设立校事、刺奸等新的监察官员，其目的就是要他们行使监察权，以做到通达情况、杜绝世族官吏无所约束、骄奢淫逸等行为。

除了对当时的贪官污吏加以治理，曹操还实行了军民屯田一体制。当时的屯田主要以青州兵和农民为主，分军屯和民屯两大部分。民屯，顾名思义指的就是老百姓自己自由种植，给国家上缴一定的税粮。军屯则是强制性地命令军人进行种植屯粮的工作。

东汉末年，战争连年不断，造成百姓大量流亡，瘟疫肆行，百姓的生活更是雪上加霜。大量的人死亡和流徙，人口数量日益锐减，原本最富庶、最繁华的地方，因为战事荒凉不堪。曹操深知民以食为天的道理，也知道军队不可一日无粮。当他面对社会经济萧条、军中无粮险境时，及时地推出了屯田政策，使农村经济迅速得到了恢复与稳定。经济的复苏，令百姓过上了安稳的日子，原来"州里萧条"，人口"十不存一"的境况在屯田工作的开展下荡然无存，出现了"数年中，仓储积粟"的景象。这不仅解决了百姓的疾苦，也在一定程度上解决了军粮问题，使北方的农业得到了恢复，为曹操进一步统一北方，奠定了可靠的经济基础。

由此可见，曹操通过吏治和屯田两大措施，收服了众多将士和百姓的心。有了吏治和屯田这两张王牌做基础，曹操的势力想不壮大也不行。汉朝末年，天下大乱，群雄并起，曹操能够在三国鼎立时雄霸北方，实现"总御皇机，克成洪业"，与他的立法治国、赏罚分明和整肃吏治的廉政思想是分不开的。百姓的安居乐业、征战时的粮草充足，全归功于屯田制的有力实施。

吏治从自己做起，人人自我约束，各司其职，国家才会安定繁荣。作为吏治的执行者，曹操起到了带头的作用，让身边的人心服口服。除此之外，曹操向来廉洁俭朴，在用人方面时常以廉吏为先。他不但自己生活节俭，就连他身边的宫女仆侍，也都衣不锦绣。有远见的领导者都会对自己直接管理的部门提出一系列的规范条例，并指定某人进行监督。

军民携手，共创美好新生活。战事令百姓食不饱肚，居无定所。曹操带领军队与百姓共同联手，进行屯田，让百姓过上了安稳的生活。据《三国志》上记载，实行屯田后，年年丰收，仓库全满，人民不再饥饿，军队不再缺乏粮食，这个功劳，起于枣祗，并由任峻完成。曹操在实行屯田工作时，虽经受了很多的挫折，但最后还是取得了成果。从军屯再到民屯，不断地扩大规模，兴修水利，在很大程度上，起到了治国安民的效果。

曹操用人讲究因才制宜、各司其职，屯田有专门负责屯田工作的官员，吏治方面也有相应的法令和监督管理的人群。在屯田方面，无论是枣祗，还是后来的任峻，他们在屯田工作中都是尽心尽力，把屯田工作开展得非常成功。在吏治方面，校事、刺奸等新的监察官员，在行使监察的工作中，也起到了上通下达的作用，达到了约束官员不良行为的效果。

创业看点

向曹操学习管理之道，就是要学会如何将政策有力地落实到现实的工作当中。一个企业，要想留住人才，就要给人才提供一个安定健康的成长环境，那些浮夸、自满的人永远也不会收获成功的硕果。

·第九节·

选将量敌论——根据员工不同个性
安排相应职位

有人说，曹操在军事上用兵如神。其实不然，曹操在军事谋略方面，还是有很多不足的，但有一点可以肯定，那就是在量敌选将方面，他拿捏得相当到位，这是他在很多战事中能够抗敌无数的秘密之一。

"选将量敌"是一门用人的艺术，曹操精通用人之道，在管理用人方面尤为典型。在战场上，选人、用人是把握整个战事的关键。曹操在掌握每个将领心理品质的基础上，根据敌人不同的性格特点，选派不同的将领以制敌。

在《曹操集》和《孙子注》中，曹操曾多次提到关于将领心理品质的几点要求。据《三国志·乐进传》记载，曹操认为，作为一名称职的将领，应具备"武力既弘，计略周备，质忠性一，守执节义。每临战攻，常为督率，奋强突固，无坚不陷，自援枹鼓，手不知倦。又遣别征，统御师旅，抚众则和，奉令无犯，当敌制决，靡有遗失"。意思是，作为一个称职的将领，必须有高强的武艺，做周密的谋划，品质忠诚，禀性专一，坚守节操和大义。要临阵督战，奋勇破敌，亲自擂鼓而不知疲倦。率部出征，则能安抚将士。执行命令，从不违反，遇敌应当机立断，从不疏忽大意。曹操认为，如果一个将领具备了这些心理品质，就能为部下起到一定的表率作用，激发军队的士气，从而战胜强敌。

在曹操心里，他一直认为"将贤则国安也"。这正是曹操对将领心理品质的高度评价。根据每个将士的不同个性和心理素质，在上阵杀敌时，安排适当的岗位，才是作战制胜的关键。公元215年，曹操手下的大将张辽、乐进、李典三人共同领兵，仅以七千兵力击退了东吴孙权的十万来犯之众，保住了合肥。什么样的人该做什么样的事，哪种人应该放在哪个位置上更能发挥他的作用，才是以少胜多的关键。这正是曹操"选将量敌"的重要体现。曹操之所以能雄踞一方，一统北方，这与他"选将量敌"的用人艺术是分不开的。

官渡大战，以少胜多，妙不可言。以少胜多的战役，在历史上并不多见。古时候打仗主要靠的就是人力，人多自然兵力强，可是，人多有的时候也未必能打胜仗。官渡之战的胜利和曹操了解将领心理品质从而"选将量敌"的用人艺术是密不可分的。曹操根据三个带头将领的心理品质和个人能力来分权，张辽和李典是善于进攻的猛将，而乐进则比较持重。在征战前，曹操下了这样一道密令："若孙权至者，张、李将军出战，乐将军守，护军勿得与战。"足见曹操用计之深，用人之妙。

宜人而用，大胆用将，各尽所能。曹操之所以能在乱世之中脱颖而出，靠的就是其独到的选人用人之道。在几次重要的战役中，他为自己打响了名声，以少胜多，广用人才的方针策略吸引了众多人才的加入。东晋历史学家孙盛曾这样评价官渡战役中曹操用人之妙，他说："合肥守御，弱而无援。如果专任勇，必然好战，导致失败；如果专任怯，必然生惧而难保。曹操勇怯互用，实在妙极了。"曹操根据将领的不同个性差异和才能特点，安排他们到适合自己的位置，逐一击败了敌人，为其实现雄霸天下的梦想翻开了新的一页。

曹操的成功，与其"选将量敌"的用人方针有着必然的联系。作为一个企业，要想在激烈的竞争当中独占鳌头，选人用人是打响第一炮的重中之重。每个员工都有自己的长处和性格特点，作为领导者要善于观察每个员工的言行举止，激发员工的积极性。目前，很多企业已经意识到了选人用人的关键作用，多数企业都设立了人力资源部门或是人事管理机构，其目的就是高效地调节企业岗位与员工的匹配程度，使每位员工都能在自己擅长的岗位上发挥最大的作用。

创业看点

曹操根据将士不同的性格特点和能力在战场中安排相应的岗位，不仅节省了大量的人力，而且有效地缩短了战事的时间。张辽、乐进、徐晃、典韦、于禁等，都是曹操手下的武将，他们各有长短，在战场上都能挥洒自如，为曹操打下了半壁江山。这不仅是他们个人的功劳，也是曹操在战事中善于选人、用人得当的最佳回报。

借刀斩祢衡——必要时就得敲山震虎

曹操帐下能人强将居多，滥竽充数、鱼目混珠之徒也略有一二。曹操惜才、爱才是出了名的，对于一些怪才、偏才，他礼遇有加。但对一些狂妄自大、没有真才实学的人，曹操也有自己的一套策略。许攸是和曹操从小一起长大的故旧，由于他狂妄自大，令曹操大失颜面，最后死于口祸。与许攸相比，祢衡的死，更是迟早的事。曹操在选人用人方面，必要的时候采取敲山震虎的策略，令众将士折服。

祢衡少年时代就表现出过人的才气，记忆力非常好，过目不忘，善写文章，长于辩论。但是，他急躁、傲慢、怪诞的坏脾气始终没有改变，动不动就开口骂人，因此得罪了不少人。在东汉末年，人们称祢衡为狂士，志大才疏，口若悬河，能言善辩。

当时，建安七子之一的孔融向曹操推荐了祢衡，曹操便派人将祢衡请来相见。谁知祢衡傲慢地将来人拒之门外，根本不领这份情，故意托病不见曹操，而且出言不逊，把曹操臭骂了一顿。后来通过与祢衡交谈，曹操发现祢衡只是一个会耍嘴皮子的文弱书生，并没有大的作为，便没有提拔祢衡。由于祢衡出言不逊顶撞了曹操，曾有几次张辽要杀掉祢衡，都被曹操制止了，并任命祢衡做荆州的使臣，说服刘表归降朝廷。

曹操是个聪明人，从来不会亲自动手杀人。他表面上是派祢衡做荆州的使臣，做说客，其实是想借刘表的手杀掉祢衡。祢衡到了刘表那里，积习难改，这令刘表对祢衡也没有什么好感。为了不让自己背上个"害贤"的罪名，刘表将祢衡派到江夏的将军黄祖的身边。黄祖是一个小军阀，性格直爽，祢衡没说几句话，就激怒了黄祖，一气之下，黄祖叫人把祢衡拉出去斩了。

这件事很快传到了曹操的耳朵里，曹操非但没有怪罪，还称祢衡就是一个腐儒，简直就是自己找死。陈琳也曾辱骂过曹操，但是陈琳尖锐的笔锋和文采，在当时可以说是数一数二的。曹操在对待人才方面，不加入自己个人的感情色彩，以主观意识来识别人才，更多的是从客观角度出发，让人才为己所用。而祢衡与陈琳相比，不值一提，这么一个人物，在天下动乱、军阀割据专权的东汉末年，注定了他悲惨的命运。

狂妄自大，扰乱军心，曹操智伐，一统军心。祢衡辱骂曹操、扰乱军心是屡见不鲜的事实。在《三国志》中，曾有祢衡嘲笑曹操"借面吊丧"的记载，事实上，"吊丧问疾"本是每个人都会去做的一件事，但祢衡讲出来却变了味。除此之外，祢衡还诋毁曹操手下多名将士和谋臣，于禁、郭嘉、夏侯惇，等等，祢衡从不放在眼中。试想，这样的一个人，又怎能留在营中。曹操不亲手杀了祢衡，是因为他一方面要顾及自己的颜面，另一方面则打着借刀杀人、敲山震虎的如意算盘。

以儆效尤，整顿军威，才能将队伍发展壮大。一个国家、一支军队，都有着自己的核心目标和信仰。曹操之所以能得到众多人才的拥护，必有其过人之处。对于那些与自己的想法有所出入的人，曹操一般是先劝为主，若不成功，适当的时候再大开杀戒。祢衡就是一个很好的例子。除此之外，当时的孔融、杨修在文学艺术方面与曹操的想法也有所出入，曹操借刀杀了祢衡，也从另一方面给孔融和杨修提了个醒，平息营中不和谐的气氛。

随着经济的不断发展，信息的开放将人们的思维引入了一个全新的境界。在生活中，我们常看到不少狂妄自大的年轻人，仗着自己有些知识和能力就自以为是。这样的人，在企业中往往是不受欢迎的。企业是一个团体，每个人都是其中的一员。曾经有人这样比喻个人与团体之间的关系："众人划桨开大船，乘风破浪；独自划桨，必定翻船。"虽然是句调侃的话，但道出了个人与团体间的关系。**一个人的力量是渺小的，只有上下一心才能走向成功。**像祢衡这样的人，就算是在当今的企业中也很难有立足之地。

易中天在其著作《易中天品三国》中指出，曹操知道刘表为人厚道，把祢衡送给刘表是希望祢衡能够痛改前非，而刘表明知道黄祖是大老粗，却把祢衡送给黄祖，借刀杀人的是刘表。无论是哪个人杀掉了祢衡，都为曹操解决了一个心头大患，以儆效尤，曹操何乐而不为。

创业看点

作为管理者，应该向曹操学习用人的精髓，宜人而用，避免正面交锋。善用策略，才是智者。

第四章

自我

管理

·第一节·

焚私通书信——老板应学会换位思考

为什么别人能想到的，自己却没有想到；有些事情可以这样做，为什么在另外一些时候却行不通；如何才能让更多的人来心甘情愿地为企业服务。这是作为一名领导者经常会遇到的事情。从古至今，自我管理是每个领导者的必修课。曹操在自我管理方面，经常会站在对方的角度去思考问题，其中焚烧私通书信，就是曹操聚拢人心的主要表现之一。

官渡之战以前，袁绍拥有中国北方最强大的势力。公元199年，袁绍统率十万大军，进逼许都，当时曹操就驻守在许都。因为敌强我弱，众寡悬殊，曹操的属下惶恐不安，关中诸将皆中立观望。许多人唯恐自己生命有危险，暗中与袁绍勾结，以谋退路。

后来曹操用计策出奇兵，战胜了袁绍。袁绍兵败，仓促引领八百骑兵渡过黄河。曹操追赶不上，将袁绍丢下的辎重、地图、书信和珍宝全部缴获了。曹操从收缴到的袁绍书信中，翻到了许多官员和曹军人员暗中写给袁绍的信。他并没有把这些信件曝光，更没有揪出与袁绍勾结的手下，而是把这些信全部烧毁，说："袁绍强大的时候，我尚且担心性命难保，何况我手下的那些人呢？"

曹操的这一举动，令那些曾经想投奔袁绍、暗自勾结的人羞愧不已。通过这件事，曹操宽广的胸襟和气度在众将士面前显露无遗，从此众将士更是对曹操忠心耿耿。立世存身，能容人之错，对属下表示充分的理解和体谅，是很能得人心的。不计前嫌，注重于未来，才能谋得霸业。

适当地容忍，是思考的前提。曹操作为众将之首，在面对这些私通信件的时候，要说不生气是不可能的。但是他能很快地从愤懑中走出来，站在他人的角度来思考问题，这就是他与众不同之处。

换位思考，灵活地留住人才，是作为领导者自我管理的重要表现。人无完人，谁都会有面临选择的时候。曹操当时正处于水深火热当中，人人都想自保，这是能够理解的。曹操当面焚信，不仅留住了人才的心，更为自己树立了威信。

控制自我，常为他人着想，才能超越自我。曹操在自我控制方面就做得非常到位，这与其站在对方的角度思考问题是密不可分的。作为领导者，要为下属做好榜样，提高下属的积极性，才能更好地使团队稳步发展。古往今来，无论家事还是国事，最让人不能容忍和接受的就是背叛。遭遇背叛者往往容易激动、发怒，控制不住自己的情绪，而后做出一些相对出格的事情，以泄愤慨。其实，曹操当时完全可以利用这次机会铲除异己，将那些与自己意愿背离的人一并消灭干净。然而，曹操并没有这样做，他以一种常人难以做到的宽容，接纳了那些曾经想背弃他的将士，没有追究任何人的责任。

在现今一些企业中，人才的背离也是常有的事。一些心胸狭窄的领导，听不得也见不得与自己意见背离的人发出的声音和做出的举动，恨不得将其赶出自己的队伍中。这往往只会把问题越弄越复杂，最后队伍成为一盘散沙，人心涣散。作为一名领导者，要经常站在下属的角度来考虑问题，站在他人的立场看待事情是否可行。学会自我反思，才是现今领导者应该做的。

碰到问题先从自己身上找原因，为他人找出路，只有这样才能取得人心，让别人更乐意为自己办事，曹操就是这么做的。

创业看点

睿智的曹操，巧妙地换位思考，不仅赢得了人心，还充分体现出了他的宽容和大度，彰显了他的气量，更重要的是稳定了军心，使全军上下一心征战沙场，加快了他一统天下的步伐。

三笑华容道——情商是老板必备软实力

曹操曾经以重金挽留关羽，但是关羽为报刘备的恩情，回绝了曹操，这令曹操叹息人才的流失。但同时曹操非常尊重关羽的选择，因为他知道与其勉强将关羽留在自己手中，倒不如任人才自由发挥，做自己想做的事情。从某种意义上说，曹操也是在为自己的将来铺路。关羽，是三国时一名不可多得的人才。虽然他最终投靠的是刘备，但在曹操危难的时刻，还是伸出了援手，放了曹操一马，由此可见曹操当初的决定是对的。

曹操败走赤壁，关羽提青龙刀，跨赤兔马，截住去路。操军见了，亡魂丧胆。

关羽想起当日曹操许多恩义，以及后来自己过五关斩六将的事，不禁心软。又见曹军惶惶，皆欲垂泪，关羽越发心中不忍。于是把马头勒回，谓众军曰："四散摆开。"操见关羽回马，便和众将一齐冲了过去。

在华容道，曹操就这样险中求缓，最终脱险，令人不得不令人叹服曹操的情商之高，处事之深。足智多谋的曹操，在识人用人方面是一个好手，处变不惊，以情动人，用软实力赢得新战机和日后一统北方大业的时机。

软实力，起到重击的效果。曹操在陷于窘境的时候，沉着冷静，与关羽话旧情，聊往事，这其实就是在用情感来击打关羽的内心。关羽虽武艺高强，但却经不起曹操一番言语的攻击。在那番话的背后，隐藏着一个重要的秘密，那就是曹操想通过它让关羽心软，放自己一条生路。果然，曹操的目的达到了，关羽心甘情愿地放走了曹操。由此可见，曹操的情商不得不让世人折服。

作为一名领导者，情商是必不可少的成功要素。每个人都会遇到一些棘手的事情，如果处理不好，就会产生不好的后果。企业中，人才非常多，高智商、高学历的人更是数不胜数，但情商高的人却是凤毛麟角。因此，培养情商，提高软实力，对于领导者来说，是至关重要的。

创业看点

曹操在情商方面用得相当到位。诸葛亮料事如神，在华容道设下埋伏，却抵不过曹操心情攻击，不费一兵一卒，大大方方地走出了华容道。由此可见，后人常说曹操是"奸雄"，不无道理，但这个"奸"并不是指曹操奸诈，还是指曹操过人的情商。

决然杀吕布——老板要做大就不能感情用事

　　曹操虽然非常爱惜人才，但对于一些不可留用的人才，还是杀之以除后患。吕布是当时的第一勇士，曹操非常敬重他。在曹操活捉吕布后，吕布曾有意归降，但曹操毅然决然地将吕布给杀了。对于曹操来说，斩了一名不可多得的勇士，难免有些痛心，但是作为领导者，不能感情用事，要收服吕布的下属，斩吕布在情理之中。

　　吕布，字奉先，是五原郡九原县（今内蒙古包头）人，东汉末年名将，汉末群雄之一。他是当时著名的武将和割据军阀之一。吕布先后为丁原、董卓的部将，也曾为袁术效力，被封为徐州牧，最后自立门户，成一方势力。建安三年（198年）吕布在下邳被曹操击败并处死。

　　据《三国志》记载，建安三年，曹操出动大军攻打徐州的吕布。河内太守张杨跟吕布交情很深，打算援救，但力量不足，只能率军进驻东市（今沁阳市东郊），遥造声势。除张杨之外，吕布在逃亡时还交到一位好朋友——陈留太守张邈。

张邈恨袁绍，怕曹操，爱吕布，听到曹操前往徐州打陶谦吃了败仗，并且曹操后方仅有程昱、枣祗与荀彧三人留守范、东阿与鄄城三县的消息后，认为机会难得，就听从陈宫的话，背叛了曹操，派人前往河内郡接吕布来兖州，欲拥吕布为新的兖州牧。

十一月，张杨部将杨丑诛杀了张杨，响应曹操；另一部将眭固又诛杀了杨丑，率领部将投奔北方的袁绍。十二月，吕布不听谋士计略，虐待部将，终被部下设计所擒。吕布、陈宫等被曹操杀掉，首级被送往许县（今许县市）悬挂示众。

由此可见，吕布的才华在当时是被一些将士认可的。而曹操决然地斩了吕布，并挂在城楼示众，其用意在于威慑人心，令众人信服自己。做大事者，不能以感情为重，曹操做到了。

对待人才，取而用之，患而杀之。吕布此人最大的特点是反复无常，忘恩负义，最后他就死在了自己的人格缺陷上。曹操正是用人之际，对于投降的人，多数都是网开一面的，而对于吕布却拒绝其投降。臧霸、张辽都是归降于曹操的强将，曹操可以随意调遣，但对吕布就不一样。吕布原来就是一方霸主，傲世之气旺盛，外加一些对吕布敬仰的粉丝，难免会形成或多或少的反抗势力。

与其养虎为患，倒不如以儆效尤。曹操杀了吕布，公之于众，震慑人心。曹操的做法是明智的。作为一名统领全军的人，曹操深知领头者所起到的关键作用，杀一儆百是最能收服人心的做法。

吕布的死是其性格所注定的，由此可见曹操对自我情感的控制非常严谨。我们在日常生活中，经常会被这样或那样的事情束缚住前行的脚步，被自己的感情左右着决定的方向。这是非常不理智的。

　　作为领导者，感情用事就是犯了大忌。在一些企业中，有的领导者常常会因为在企业里与某位员工谈得来，关系走得比较近，就对这位员工大加褒奖，而对一些真正脚踏实做事的员工，却视而不见，这对企业的发展是不利的。领导者应该从客观的角度看待每个员工的价值所在，而不应该以个人喜好评定员工的能力。领导者只要从客观的角度出发，用理性的思维来看待问题，那么企业的进步指日可待。

创业看点

　　不以物喜，不以己悲，面对诱惑，从容不迫，曹操就是这样一个人。凡做大事者，不能因为一些个人情感，而影响到对事情的判断，关键时刻必须要用理性战胜感性。

·第四节·

借机除杨修——管理者必须维护威信

领导者要有管理意识，树立威信，起到"领头羊"的作用。如果缺少威信，那将是件很糟糕的事情。曹操作为统军元帅，管理众多人才更要树立威信。必要的时候，采取杀鸡给猴看的策略，是维护威信的有效途径之一。杨修就是曹操为维护威信而斩杀的一个典型代表。

杨修是东汉末期文学家、太尉杨彪的儿子，学识渊博，在建安年间被举为孝廉，任郎中，后成为曹操的主簿，最终惹祸上身，被曹操杀死。

据史料记载，曹操杀杨修是因为杨修自以为是，以"鸡肋"来推断曹操的想法，动乱军心，曹操一气之下，杀了杨修。事情是这样的，当时曹操正出兵汉中，进攻刘备，被困于斜谷界口，进退两难，曹操心中犹豫不决，恰好碰上有人端进了一碗鸡汤。曹操看见碗中有鸡肋，顿时触景生情，有感于怀。正在沉吟间，夏侯惇入帐向曹操禀请夜间口号。

曹操便随口说道："鸡肋！鸡肋！"夏侯惇误以为曹操当

晚的口号是"鸡肋"，便将这个口号传达给了众官。而此时，行军主簿杨修得知主公传"鸡肋"二字时，便让随行军士开始收拾行装，准备明日一早归程。

夏侯惇闻知杨修正带领将士收拾行装，颇为好奇，便问："公何收拾行装？"杨修笑了笑指出，主公所传"鸡肋"的意思就是，魏王不久便要退兵回国。夏侯惇不解，杨修继续解释道："鸡肋，吃起来没有肉，丢了又可惜。现在，进兵不能胜利，退兵恐人耻笑，在这里没有益处，不如早日回去，明日魏王必然班师还朝。所以先行收拾行装，免得临到走时慌乱。"

夏侯惇听后大吃一惊，说："您真是明白魏王的心事啊！"之后，也收拾行装去了。于是，一时间，军寨中的诸多将领都在收拾回去的行装。曹操得知这个消息后，觉得奇怪，便立即传唤杨修问他为何。杨修自作聪明，用鸡肋的意义回答了曹操的提问。曹操听了杨修的解释，勃然大怒："汝怎敢造言乱我军心！"说完便叫士卫把杨修推出去斩了，并将他的头颅挂于辕门之外，公之于众。

对于杨修的死，虽然后人有很多的说法，但从上面的文字描述中看，有一点是可以肯定的，曹操生性多疑，而杨修虽然机敏过人，但口无遮拦，自以为是，终究引火上身，招来杀身之祸。

曹操借鸡肋一事除掉了杨修。试想，就算杨修推断的是正确的，但是在没有得到曹操认同的情况下就自作主张，未必太狂妄，无视曹操的存在。曹操杀杨修是小，借此树立自己的威信，才是真实的目的。

杨修虽有才，但忽略了主次先后。曹操是众将之首，言行举止不可能会让每个人都能读懂，而杨修倚仗着之前对"一合酥"的妙解，认为自己才高八斗，便目中无人。曹操虽对杨修的才华叹服，但并不意味着接受杨修随意地揣摩自己的心思。

辕门外，杀杨修，重塑威性。曹操将杨修推到辕门外斩首，让众人眼见造谣生事者的下场，同时给将士吃下只可进不许退的定心丸。

汉末魏初，文学繁盛，杨修是当时的佼佼者。与杨修相交甚好的还有孔融，孔融时常与曹操对着干，这令曹操非常不满。曹操虽喜爱这些文人义士，但对于傲气十足、不讲他好话的文人，曹操还是有所忌讳的。最终曹操选择杀之以除后患，他先杀了孔融，后又借机杀了杨修，以示众人与他对着干的下场。

在一些企业中，有的员工过于聪明，总是将领导的话用自己的思路翻译出来，口无遮拦，信口开河，弄得公司上下议论纷纷。这是领导们最不想看到的现象。**作为领导者，管理员工就要先管理员工的言行举止，以自己的方式来引导员工，这样才能树立威信。**

创业看点

才思敏捷、灵活机智的杨修，万万没有想到自己会死在"鸡肋"这件事上。而事实上，曹操正想借机除掉杨修。曹操作为众军之首，通过斩杨修树立了他作为军中首领的威信。

·第五节·

放走关云长——正确对待人才流失

人才，是曹操朝思暮想的，曹操的求贤令，彰显了曹操求才若渴之心。而对于关云长这样的人才，曹操也只能是任其自由发展，不可强留。事实证明，曹操当初对关羽的释怀是正确的。对于曹操来讲，关羽是个不可多得的将才，关羽的离去，是曹操的一大损失。

《三国演义》中这样写道：

　　且说关云长挂印封金而去，蔡阳要赶关公，操曰：“不忘故主，来去明白，真丈夫也。汝等皆当效之。”遂斥退蔡阳，不令去赶。程昱曰：“丞相待关某甚厚，今彼不辞而去，乱言片楮，冒渎钧威，其罪大矣。若纵之使归袁绍，是与虎添翼也。不若追而杀了，以绝后患。”操曰：“吾昔已许之，岂可失信！彼各为其主，勿追也。”因谓张辽曰：“云长封金挂印，财贿不以动其心，爵禄不以移其志，此等人吾深敬之。想他去此不远，我一发结识他做个人情。汝可先去请住他，待我与他送行，更以路费征袍赠之，使为后日记念。"曹操等追上关公，操曰："云长行何太速？"关公于马上欠身答曰："关某前曾禀过丞相……望丞相勿忘昔日之言。"操曰："吾欲取信于天下，安肯有负前言。恐将军途中乏用，特具路资相送。"……曹操自引众将回城，于路叹想云长不已。

曹操挽留和放走关羽可谓思虑再三，他不能因为失去一个人坏了自己的"大事"。他放走关羽其实是一个计谋，一个一箭多雕的计谋，这一计谋影响深远。

曹操与关羽之间，就是管理者与被管理者之间相互转化的关系，双方建立在自愿的基础之上。关羽一心想着跟随刘备，曹操对此早已心知肚明。但对于关羽这种人才，曹操还是想一再地挽留，就算留不下来，也希望关羽能够一帆风顺。

与其让人才闲置，不如任其发展。关羽心系刘备，若强行留其在曹操帐下，关羽的能力也不会百分百地发挥出来。曹操在选才用才方面，从来不会强人所难，顺则同谋，不顺则异。

人才的闲置是导致人才流失的致命硬伤。对待人才不听其言、不从其计、不用其事，就是人才闲置。历史上项羽闲置人才，韩信投刘邦；刘邦闲置人才，韩信再次逃跑；袁绍闲置人才，手下许攸、高览、张郃投奔到当时尚处于劣势的曹操麾下，曹操对竞争对手的人才前来投奔能够不计前嫌、大胆使用，久而久之，帐下便出现人才济济的局面。

曹操挽留和放走关羽所达到的效果是：当时张飞和关羽是

刘备的左膀右臂，如果能挽留住关羽，可断刘备的一只臂膀；靠挽留和放走关羽的广告效应，让世人知道他曹操是多么重视人才，让世人知道他曹操也是讲信用的。"吾昔已许之，岂可失信"，"吾欲取信于天下，安肯有负前言……"，曹操利用此事给自己人树立了一个学习的楷模，希望自己的人效仿关羽，视死效忠自己。

能称得上是人才的人都有理想抱负，希望有所成就。如若"英雄无用武之地"，自我价值得不到实现，定然要另谋高就。作为领导者，就应该像曹操一样，正确对待人才的流失，才能在企业中树立自己的威信，吸引外面的人才来企业中效力。

创业看点

在对待人才流失方面，曹操有着自己独到的见解。挽留关羽不成便放走关羽，这可谓是他一生中的一个"佳作"。此佳作产生的"效益"百倍于关羽一个人。曹操如此正确对待流失人才，后来获得了回报，关羽在华容道上放走曹操，也算是曹操当年义释关云长所收获的"效益"。

亲自写兵书——老板应强化学习并学有所用

曹操爱好文学，时常写些诗歌之类的作品。除此之外，他精于兵法，除了在沙场上实践前人写在兵书上的计策以外，还自己写了一些关于行军打仗和用兵的策略。其代表作有《孙子略解》、《兵书接要》、《司马法注》等。

其中，最为著名的要数《孙子略解》。曹操将《孙子兵法》与自己的实战经验相融合，在军事实践上，根据敌情，灵活地运用《孙子兵法》等兵书中的相关谋略，往往能起到出奇制胜的作用。

曹操所写的《孙子略解》，开创整理注释《孙子兵法》十三篇的先河，既丰富和发展了中国古代军事理论，又融入了自己的实战经验。《孙子略解》共分计篇、作战篇、谋攻篇、形篇、势篇、实虚篇、军争篇、九变篇、行军篇、地形篇、九地篇、火攻篇、用间篇十三个部分，分别讲述了在行军作战中用孙子兵法解决问题的策略。

在《孙子略解》的计篇里，曹操这样写道：

曹操曰：计者，选将、量敌、度地、料卒、远近、险易，计于庙堂也。孙子曰：兵者，国之大事也；死生之地，存亡之道，不可不察也。故经之以五事，校之以计，而索其情。

　　曹操在《孙子略解》中提到了选将量敌的原因以及目的所在。在实战中，曹操也将这一点贯穿其中。在官渡之战中，曹操调用张辽、乐进、李典三人领兵七千兵，击退了东吴孙权的十万来犯之众，令人不得不叹服其计谋过人，用兵之神。

　　在《孙子略解》的作战篇中，曹操结合《孙子兵法》提出了这样一个观点：

　　曹操曰：驰车，轻车也，驾驷马；革车，重车也，言万骑之重。车驾四马，率三万军，养二人主炊家子，一人主保固守衣装，厩二人主养马，凡五人。步兵十人，重以大车驾牛。养二人主炊家子，一人主守衣装，凡三人也。带甲十万，士卒数也。孙子曰：千里而馈粮。

　　的确，行军打仗，粮草兵马至关重要。曹操在《孙子略解》中将《孙子兵法》所提到的"千里而馈粮"的观点，运用到了实战当中，并提出行军打仗要将驰车、革车分别安置，烧饭、洗衣、喂马的后勤管理工作也有相应的人来打点。曹操每次出征，对所带的人马以及各自的责任都做到心中有数。

　　由此可见，曹操时刻在提醒自己要不断进步，在写兵书的同时，不忘对自己的征战做出总结，以供后人参阅。

以兵书的形式自检，督促自己前进。曹操所写的兵书主要是在做总结。其"兵以义动"的战争观，因事设奇、任势制胜的"诡诈论"，注重后勤保障和加强水军建设的远见，颇受后世推崇。

总结经验，公之于众，相互学习才能有进步。曹操不仅自己智谋过人，还将自己的经验流传给后人，可见曹操的气度和胸襟。曹操所写的兵书大多是在实战过程中的一些理论和思想的总结，是他毕生经历的结晶。虽然这些书现在都已经只剩残章断句，但它们曾经在中国兵学史上产生过一定的积极影响。

曹操的军事魅力在他所著的兵书中随处可见，勤学上进是曹操最终取得成功的先决条件。当今社会，每个人都要怀有一颗上进的心，向曹操学习，学习他善于总结和学习知识的好习惯。总结生活中的点滴，把理论性的东西运用到实践当中，肯定会比单纯的理论更加有效。企业的进步也是如此，作为企业的管理者，更要善于研究和制订相关的策略，这样才能在激烈的竞争中不断前行。

创业看点

曹操是我国古代史上最有魅力的人物之一。他凭自己的努力，南征北战，兼并军阀，通过挟天子以令诸侯，掌控了汉朝政府的一切权力，足见其用计之深、用谋过人。在其兵书中，也记载了他识人用人、审时度势等方面的独到之处。

治国先治家——家庭旺老板才
真正无后顾之忧

　　曹操不仅善于管理自己的队伍，还善于治理自己的家事。俗话说，没有大家，哪有小家。但是，大家是要建立在小家的基础之上的。由此可见，要想治理好一个国家，就必须先治理好自己的小家。曹操就是这么做的，他不仅治国有方，而且齐家有道。

　　曹操非常注重对孩子的教育，这在他几个儿子身上颇有体现。曹丕在《典论·自叙》中提到，在他五岁时，父王曹操看到世局纷乱，教他学射箭，六岁能开弓；又教他骑马，八岁就能骑射了。后来，随军东征西讨，练得一身武艺，还长于弹琴，精于诗赋。曹植同样深受父亲的熏陶，"性敏慧，善文章"，八岁"能属文，有逸才，博古通今，善骑射"，十岁出头就能熟读《诗经》和《论语》。曹彰尚武，曹操经常带其征战，年岁稍长，让他独自为将。还有最疼爱的小儿曹冲，曹操常携他于身边，随时指教，曹冲聪慧过人，曹操曾多次当众夸赞，给予孩子鼓励。

除此之外，曹操在给孩子选择老师方面也有讲究。正所谓名师出高徒，曹操选"德行堂堂"的邢志昂为曹植的家丞，之后又选他为曹丕的少傅、太傅。曹丕的长史曾是当时被称为"国之重宝，士之精藻"的邴原，曹操嘱咐邴原说："我的儿子不成才，怕他难于上正路，想屈你去匡正劝勉他。"

有一次，曹操出征，让曹丕留守，派张范、邴原辅佐，严令曹丕有事必须尊重张邴二人的意见，并"行子孙礼"，足见曹操对自己儿子的要求，首先就是要尊师重道，虚心求教。曹操这样教儿子，目的就是要去除他们身上那些官僚习气，让他们知道，不能仗着自己的父亲是首领，就可以目中无人。作为孩子的老师能够得到尊重，自然也愿意尽心传授，忠心辅佐。

曹操除了教导子女要求德、智、体全面发展，还经常告诫自己的家人，要以节俭持家。曹操虽贵为魏王，却极倡节俭。在《内诫令》中，他提出，自己不喜华丽服饰，装物品的箱子都是用芦苇编织的，帷帐屏风破了，补好再用，褥子但求取暖不加任何装饰。

由此可见，曹操对自己的子女用心良苦，在生活上为子女们树立榜样。他的几个儿子，在为曹操一统北方的时候都做出了很多的贡献，为曹操争夺天下起到了重要的作用。

为孩子们创造良好的学习环境，使孩子们健康成长。子女的成长离不开一定的氛围，曹操身边人才济济，曹操在和他们谈论政治军事和文学的时候，经常带上自己的几个子女在边上旁听，他自己也创作了大量作品，与人共赏，引导孩子。《铜雀台赋》就是曹操的儿子曹植在曹操建铜雀台落成时所写的，当年曹植年方十九岁，一赋成名。

有赏有罚，激励鼓动。曹操在对待自己的将士时，会有一些赏罚策略；在对待自己的家庭成员时，他同样有类似的做法。有一次，曹操的儿子曹彰带兵征讨造反的大臣，临行前，曹操告诫曹彰说："在家的时候我们是父子，出征迎战的时候就是君臣，凡事都以王法为先，你应该对自己的言行加以注意。"曹操说这番话，就是在告诉曹彰不要以魏王的儿子自居，不受军令。曹彰得胜，且归功于诸将。曹操高兴，给其嘉奖。

曹操教子有方，家庭兴旺、人才辈出，对曹操的事业是大有帮助的，这与其教子有方及自身约束能力密不可分。再看看现今一些企业老板，有的忙于工作，没有时间顾及家里的事情，最后弄得家庭、事业一片混乱；有的老板总是以高人一等的方式来教育子女，子女长大以后非但没有帮到自己一点，反而给自己惹出一堆麻烦事。这些都是对自己和对家庭不负责的表现。作为企业的领导，事业固然重要，但唯有修身齐家，才能平天下，如果家庭的一点事情都处理不好，事业又怎能管理得妥当呢？

创业看点

所谓润物细无声，曹操的子女在他的言行举止中不断地感悟，为曹操省去了很多的后顾之忧。曹操之所以能够成功，与其对家庭的管理是密切相关的。唯有家庭兴旺，才能放心地做大事，成大业。

曹操患头痛——越是老板越要注意身体健康

曹操常年征战在外，戎马一生，随着年龄的增长，身体也不如年轻的时候，头痛病一直折磨着他的身体。其实在年轻的时候，曹操的健康状况就不是十分理想，加上常年在外，头痛的毛病足有三十多年之久。

曹操生性多疑，头痛病因此而发，每次曹操思虑过多的时候，病情就会加重。《三国志》中有记载，在起兵平定袁绍的时候，曹操就常常头痛。但是，真正头痛开始严重，是在消灭袁绍、挟持汉献帝以后。曹操掌握了"君权"，此时的他需要考虑更多的国事，要平息一些地方的反叛势力，除此之外还要处理朝廷的重要事件。

这么多的事情需要曹操处理，头痛病发也就在所难免了。曹操的头痛病时常复发，心慌目眩，非常难受。尽管如此，曹操还是硬撑着处理日常事务。据《三国志》所述，曹操在建安元年（196年）八月迎汉献帝到许县，"奉天子以令天下"，正是曹操已经权倾朝野的时候，而这成了曹操头痛病发高潮期的开始，朝中大量的琐事如潮涌般向曹操扑来，曹操成天忙于朝政积劳成疾。

曹操一生焦虑过多，这从他的不少诗文中可以看得出来，其中以《短歌行》最具代表性。诗的内容是这样的：

对酒当歌，人生几何？譬如朝露，去日苦多。慨当以慷，忧思难忘。何以解忧？唯有杜康。青青子衿，悠悠我心。但为君故，沉吟至今。呦呦鹿鸣，食野之苹。我有嘉宾，鼓瑟吹笙。明明如月，何时可掇？忧从中来，不可断绝。越陌度阡，枉用相存。契阔谈宴，心念旧恩。月明星稀，乌鹊南飞。绕树三匝，何枝可依？山不厌高，海不厌深，周公吐哺，天下归心。

诗里的每句话都能映射出曹操的愁苦与烦恼。"山不厌高，海不厌深，周公吐哺，天下归心"道出了曹操求才若渴之心。"明明如月，何时可掇"道出了曹操在寻找人才时所遇的艰辛。从曹操的诗句中，足见曹操的愁苦烦忧。

除此之外，曹操还发表了一些关于反映社会动乱和人民苦难的文章，借以抒发自己对当时环境的愤慨。如《薤露行》真实地描绘了何进误国、董卓殃民的故事，表达了曹操对百姓的同情以及对何进和董卓的憎恨。

作为一名领导者，身体是奋斗的基础。曹操虽然时常带着大夫，但对他的头痛病只能治标不能治本，每每复发，曹操都剧痛难耐。

操劳导致头痛病愈发严重。曹操每次出征打仗，都要在外面待上数月，饮食起居非常没有规律。有的时候常与大臣们商议战事，秉烛夜谈。有的时候还要防止敌人的偷袭，经常寝食难安。如此生活环境，对曹操头痛病的调养，肯定是不利的。过度的劳累，会令人的大脑超负荷运转，加重脑部负担。曹操为了工作，忽略了自己的身体，最后导致病情恶化。

疑心过重，致使病情加重。曹操有一次在睡觉的时候，看守的卫士进帐为他整理被褥，结果被曹操当作刺客给杀了。可见曹操在睡觉的时候都高度警觉，长此以往，只会使头痛病愈发严重。通过这个梦中杀人的故事，也看得出他的头痛病的恶化在所难免。

作为领导者要注意调节自己的作息时间，合理地安排生活。从曹操身上我们看到，一位领导者将自己毕生的精力都投到了事业当中，而对自己身体的照顾却是少之又少，这样是不可取的。

作为企业的管理者，合理地安排工作时间，适当地进行调节，有益于身体的健康。身体是奋斗的本钱，这句话充分说明了身体健康的重要性。为了金钱和事业不顾惜自己的身体，不但得不到金钱，还会失掉奋斗的本钱。

创业看点

过度操劳，会减短一个人的寿命，曹操死的时候只有六十六岁。很多百岁老人，他们之所以长寿，就是因为在年轻的时候就很注意身体的保养。曹操虽然是一代枭雄，终究死在了自己的头痛病上，是一件令人遗憾的事情。

不贪恋财物——随心清净的老板才能做大

曹操一生节俭，不贪恋财物，不积聚私产，更反对厚葬，他将在打仗时所缴获的财物，全部赏赐给作战有功的将士；对于四方朝拜贡献的物品，都与属下分享，绝不独自享用。

一代枭雄，荣华富贵应有尽有，可这些在曹操眼里却如过眼云烟。曹操倡导节俭，他认为节俭可以使人随心清净，不贪恋财物，才能成就大事。

在《三国志》中，裴松之引用《魏书》里的一段话，描述了曹操的节俭作风：

> 雅性节俭，不好华丽，后宫衣不锦绣，侍御履不二采，帏帐屏风，坏则补纳，茵蓐取温，无有缘饰。攻城拔邑，得靡丽之物，则悉以赐有功，勋劳宜赏，不吝千金，无功望施，分毫不与。四方献御，与群下共之。

由此可见曹操生活节俭的程度，他不喜欢华丽的宫殿，后宫的衣服也相当质朴，就连屏风坏了，也是让人修补一番便是。节俭是曹操的性格特点，不贪恋财物更是曹操心胸博大的表现，这与当时兴兵结盟讨董卓的其他诸侯相比，是一个截然不同的鲜明特点。曹操之所以能够成功，与他节俭不贪财的做派有一定的关系。

据《三国志》记载："绍又尝得一玉印，于太祖坐中举向其肘，太祖由是笑而恶焉。"当时，袁绍作为讨伐董卓的盟主，竟然因为得到一块玉印而炫耀卖弄，这不仅引起了曹操的极大厌恶，而且"由是益不直绍，图诛灭之"。

曹操不仅自己不好华丽，也让子女、后宫都做到了节俭朴素。《三国志》中有所记载，"公女适人，皆以皁帐，从婢不过十人"。曹操夫人卞氏常说，"居处当务节俭，不当望赏赐，念自佚也"，"吾事武帝四五十年，行俭日久，不能自变为奢"。

特别值得一提的是曹操禁止厚葬之风，他拒绝将金银珠宝埋在死者的墓里。建安十年大破袁谭，平定冀州之后下令，"公不得复私仇，禁厚葬，皆一之于法"。建安二十三年六月又下令，"古之葬者，必居瘠薄之地"，"因高为基，不树不封"，"公卿大臣列将有功者，宜陪寿陵，其广为兆域，使足相容"。

可见，曹操在潜意识里面就对钱财看得非常淡薄，更不会将财物厚葬于死者。对于曹操而言，这些做法都是非常虚妄的。在《汉书》中还记载了这样一件事：曹操曾下令"士卒为军死，为椟"，就是用小棺葬之。建安二十五年，曹操在六十六岁死前的遗令中，嘱"敛以时服，无藏金银财宝"。

由此也可以看出，曹操一生清廉。但对曹操墓的说法，也有不同的声音出现。对于曹操的薄葬，后人妄加揣测。大约到

宋朝的时候，有人说曹操为了不让别人盗墓，在漳河一带筑了七十二座坟墓以为疑冢，其中只有一座是真的。据《三国志》记载，曹操之所以禁厚葬，最主要是因为"天下尚未安定，未得遵古也"。所以遗令规定，"葬毕，皆除服。其将兵屯戍者，皆不得离屯部。有司各率乃职"。

曹操一生操劳，却没有享受过多少清闲的日子，到死的时候还是提倡节俭，这种高尚的情操在历代君王里是非常少见的，而这正是曹操能在乱世中称霸一方，而袁绍却只能败走沙场、国破家亡的原因之一。

曹操素有"整齐风俗"之志，服饰也体现一种社会风俗。汉朝末年，王公大臣们一般都以戴幅巾为雅，很多将帅也著缣巾（一种质地细薄的丝织品），闹得文武不分，不伦不类。曹操以为，当时"天下凶荒，资财匮乏，拟古皮弁，裁缣帛以为帢，合于简易随时之义，以色别贵贱，于今施行，可谓军容"。直到黄初二年，曹丕召见故汉太尉杨彪，让他挂拐杖，带鹿皮冠，杨彪还辞让不听，仍然穿着布单衣、戴着曹操所推行的皮弁去见曹丕。

从曹操身上我们可以看出，只有将荣华富贵视为过眼云烟，以民为重、以事业为重的人，才能成为最后真正的赢家。

创业看点

曾经有史学家赞曹操为"非常之人，超世之杰"，实不为过！曹操是一个做人做事拿捏放德的人，他是一个只按着自己意志做事的人。千秋功罪任评说，海阔天空独往来。曹操不贪恋财物、倡导节俭的作风广为流传，成为后世子孙的典范。

说曹操曹操到——企业老总更得注意时间管理

作为企业的老板，须对时间进行优化管理。曹操每天要处理很多的事务，但不管怎样，他没有放松自己对时间的管理。什么时候该干什么，在他的行程安排上都有一个清晰的流程。说曹操曹操到，就体现了曹操对时间的管理。

汉献帝在李傕与郭汜火拼时曾一度脱离险境，然而李郭二人合兵一处后继续捉拿汉献帝。有人献计推荐曹操，说他平剿青州黄巾军有功，可以救驾。然而信使未出时联军已杀到。眼看走投无路之际，夏侯惇奉曹操之命率军"保驾"成功，后将李郭联军击溃，曹操被加封官爵。故有"说曹操，曹操到"之说。

在《三国演义》第十四回"曹孟德移驾幸许都"中是这样说的：曹操在讨伐董卓之后，曾任东郡太守。当时山东黄巾又起，他与济北相鲍信共同讨伐黄巾，招安降兵三十余万。自此曹操威名日重，被朝廷加封为镇东将军。董承、杨奉护驾至洛阳后，仍担心李傕、郭汜来犯，故奏请献帝，宣曹操入朝，以辅王室。操接旨后，尽起山东之兵，赶来洛阳护驾。刚到洛阳城外，适逢李催、郭汜领兵来攻洛阳。

在日常生活中，大多数人常有这样一种体验，有时正在谈论或者你刚想到一个人，这个人就出现了。于是，我们就感叹：真是"说曹操，曹操到"。这只是一种心理上的反应，而作为一个企业的领导者，曹操的及时出现，不仅挽救了大家，还为自己打响了名声。

做任何事情都要有自己的规划，适当地安排时间，才能达到事半功倍的效果。我们一起来看看曹操的时间管理，看他如何用高效迅捷的行动为自己带来收益。

建安十二年（公元207年），曹操占领冀州后，率兵进军乌桓。刘备劝刘表袭击曹操的首都，刘表不从。曹操基本统一北方后，就有剪除心腹大患刘备的打算，进而夺取荆州，并吞并江南、统一天下。

建安十三年（公元208年）春，曹操在邺（今河北临漳西南）修建玄武池，训练水军，做向南方进军的准备。此时，孙权进攻荆州江夏，斩太守黄祖，兵锋指向荆州。刘表派长子刘琦援救江夏。曹操刚刚统一北方，当然局势很不稳定。各地反曹势力，有死灰复燃的可能。部队连年征战，士兵当然很疲惫，国家需要休养生息，经济需要恢复。但是，孙权要抢荆州了，曹操能不着急吗？

七月，曹操开始从全国调集部队，并率先头主力在南阳，其水军在河北，来不及加入曹操主力军。

八月，荆州牧刘表病亡。曹操闻讯，率轻骑部队昼夜兼程，赶往襄阳。九月，曹军进占新野（今属河南省），荆州继承人刘表次子刘琮派使者向曹操请降。

依附刘表屯兵樊城（今属湖北省）的刘备，闻讯后率部南撤。当时江陵（今湖北江陵）贮有刘表的大量粮草、兵器等，因此刘备一方面由樊城向江陵撤退，另一方面命关羽带领水军经汉水到江陵会合。曹军亲率精骑五千，包括亲兵虎豹骑，追击刘备，在当阳长坂坡（今湖北当阳东北）击溃刘备军。

事实证明，曹操胜利了。短短两个月的时间，曹操没有落下半点空隙时间，乘胜追击，最终击溃了刘备的军队。战场上的时间尤其宝贵，与时间赛跑才能赢得胜利。

当今企业的领导者应该向曹操学习对时间的管理策略，做到该出手时就出手，才能在竞争当中给人留下深刻的印象，打响企业的名声。在现实生活中，往往有很多老总，他们越来越觉得时间不够用，总觉得该做的事没时间做，可身边的事又特别多，无法从琐事中摆脱出来。作为一个企业的领导者，陷入这样的窘境中，说明他在时间管理方面出了问题。

下面为大家介绍一种管理时间的办法。为自己制定一个每月、每周、每天的工作图表，这个图表可以纳入你工作日志的一部分。图表中列出你每月、每周、每天最重要的工作，并在最重要的工作前打上标记，或换一下颜色。这些重要的工作项目不一定就是六项，也可以略少也可以略多。当然，需要明确的是月、周、天的重要工作之间是平衡关联的。

曹操的经历告诉我们，对待事情应该知道适时而做。时间管理并不是个人的事情，我们每天几乎100%的干扰都是来自于同事、上司，和他们紧紧地联系在一起，做到合作无间，才能够产生合力。这应该是时间管理的最高境界了。

【第五章】

制度

管理

割发权代首——老板要做遵守制度的表率

"没有规矩不成方圆"，作为一名领导者，本身就是团队的代表，对制度的遵守要以身作则。曹操之所以能够将军队管理得如此得当，能让天下的能人义士为己所用，在很大程度上靠的就是他自己的表率工作做得非常到位。

《三国演义》第十七回中提到，曹操出征张绣途中，为安抚民心，便谕村人父老及沿途官吏，曹军"大小将校，凡过麦田，但有践踏者，并皆斩首"。巧的是曹操正在骑马行军途中，忽田中惊起一鸠，曹操坐骑蹿入麦田中，踏坏了一大块麦田。曹操立即叫来行军主簿，要求议罪，主簿十分为难，曹操却说："我自己下达的禁令，现在自己违反了，如果不处罚，怎能服众呢？"后谋士郭嘉引用《春秋》为其开脱。曹操便顺水推舟，说"既《春秋》有'法不加于尊'之义，吾姑免死"，以剑割下自己一束头发，掷在地上对部下说，"割发权代首"，并"以发传示三军"。

曹操刚向士兵们发布过命令后，自己却无意中触犯了相关条例。众人都非常期待曹操下一步的做法，曹操也给大家交了一份满意的答卷，割发以代首，安抚军心。

《孝经》里这样说道："身体发肤，受之父母，不敢毁伤，孝至始也。"在古时候，剪头发是不孝的行为。由此可以看出，曹操割发权代首，在当时众将士的心里有着举足轻重的意义。

曹操的做法，折服了不少将士的心。曹操说到做到，严于律己，从自己做起，令在场的每一位将士信服。割下自己的头发，让三军过目，以表曹操对众将士的诚意，提醒大家要以身作则。

从此以后，曹操的管理工作进展得相当顺利。在他的帐下，很少出现反叛之人，对将士有赏有罚，无一例外。制度，是在约束自我的同时，为他人带来方便。曹操在路过麦田的时候，下令不能踩到百姓的粮食，无疑就是因为百姓种田辛苦，不想给百姓带来困扰。曹操这道命令，得到了当时众多百姓的赞赏。

由此可见，制度的使用是可以灵活一点的。曹操作为众将之首，犯了错误同样要受到责罚，这样才会令部下们信服，心甘情愿地为他做事。

制度约束个人，同时也为他人创造便利。俗话说，一诺千金，一言九鼎。曹操作为一名领导者，割发权代首的做法是非常明智的。反过来想，如果曹操当时仗着自己是首领就为所欲为，恐怕他的下场就要和袁绍一样了。

民以食为天，兵以将为首。老百姓的生活靠的是每天的耕种，等待收获的季节，士兵上阵杀敌靠的是首领发号施令。粮食是生存的基础，也是百姓的依靠。行军打仗，首领表率就是士兵的风向标。在曹操的军队中，曾经有一部分军人是青州兵的残余，他们曾经如同一盘散沙，四处抢夺，在曹操接管以后，焕然一新，成为战场上一道亮丽的风景线，这与曹操的管理是密不可分的。

制度可以管理他人，也应该效用自身，二者相辅相成。企业的管理基础不应该是随时、随地、随意由领导人随机处置，无章可循。曹操在制定一系列规章制度的时候，依靠科学合理的授权、约束和控制，建立合理的管理制度，使整个团队有效、健康地发展，大大降低了个人因素对团队管理的影响。

生于乱世之中的曹操，之所以能够成就一番大业，与他的才干和勇气是分不开的。严格的制度管理，使他在乱世中立于不败之地，在众将士心里，能在曹操手下效力是无比荣幸的事。

制度是监督与自我监督的主要手段之一。曹操制定的一系列制度，不仅起到了监督他人行为的作用，同时也约束了自我。正因如此，曹操才会在马受惊不慎踩到麦子的时候，坚决要以割发的方式来惩罚自己，以率三军。

创业看点

曹操割发权代首的意义就是以身作则，曹操的行为博得了大家的赞赏，同时赢得了更多的人心。这既平抚了百姓因军队经过践踏粮草的担忧，又以自己的实际行动说服众将士要遵纪守法，言立于行，没有例外。

颁布明罚令——企业应细化管理制度

曹操做事，一向都是有赏有罚，赏罚分明。不论官职大小，职位高低，一旦犯了规，就要受罚，至于怎么罚，也有明确的规定。为了将管理条例明细化，曹操特意颁布了《明罚令》，将每个规章制度都落到实处，以便于大家相互监督与约束自己的言行举止，树立曹家军的威信。在《明罚令》中有这样一句："闻太原、上党、西河、雁门冬至后百五日，皆绝火寒食，云为介之推。"说的是春秋时晋国的云之推及寒食节的故事。

曹操将山西划为自己的地盘后，这位颠覆汉室的霸主认为一连几天吃冰凉的食物不利于国民身体健康，于是颁布《明罚令》，"且北方沍寒之地，老少嬴弱，将有不堪之患。令到，人不得寒食"。曹操用严罚峻令禁寒食，无非是要抹去他篡汉的对立参照，介之推毕竟是春秋时的保国贤臣。

明细制度，受益匪浅。针对太原等地百姓在寒食节后长达一百零五天不吃热食的陋习，曹操发布了《明罚令》，以春秋时有大功于吴的伍子胥被沉尸江中，吴人却并没有因此而不饮江水为例说明北方气候寒冷，老人、小孩身体瘦弱，吃冷食将损害身体健康。曹操下令，任何人不得再吃冷食，如有违犯，家长要判半年徒刑，主管官吏要判一百天徒刑，县令要扣除一个月薪俸。这种重罚，不仅体现了曹操对民生疾苦的关注，也体现了他改变旧习移风易俗的决心。

缺乏规范的切实可行的管理制度是不少企业的硬伤。不良的工作态度会给企业的整体形象带来损害，也会让新进职员对企业的信心大减，导致人员流动性大等不稳定情况的出现。企业应该拥有一套自己细化的管理制度来约束工作人员，其中考核制度是最重要的一项。制定考核制度的目的在于通过对员工一定时期的工作成绩、工作能力以及工作态度的考核，把握每一位员工的实际工作状况，为教育培训、工作调动，以及处罚、提薪、晋升、奖励、表彰等提供客观可靠的依据。更重要的是，通过这些评价可以指导员工有计划地改进工作，发现员工间的差距，使员工扬长避短，每个人都能有所改进、提高，满足公司营运与发展的要求。

企业首先要明确各员工的权限，然后落实"政令管理"，把老板平时的命令落实下去，逐渐固定化，企业的制度也就慢慢形成了。当然老板的命令有时候也会是错的，这就需要通过实践检验，不断修正。

创业看点

随着对责任与制度的明细化，曹操军队的管理变得井然有序。将士都按照这些案例约束自己的言行举止，在对一些事物的处理方面，也有章可循。这一系列规章制度，令曹操在军事管理方面有了新的突破。

第五章 制度管理

梯次奖励制——企业要制造薪水和奖励差距

所谓梯次，指的是事物的进程按顺序分为几个阶段，其中每一阶段就叫做一个梯次。曹操是历史上成功的管理者，其历史功绩世人皆知。在曹操一生的政治军事生涯中，管理思想具有十分丰富的理论内涵。"唯才是举"、"选将量敌"、"褒亡厚往"、"赏罚分明"等都体现了曹操的过人之处。这里主要来讲一下在赏罚分明的制度中，曹操是如何实施梯次奖励制的。

在曹操帐下，高手如云。但是，曹操并没有将每个人才都提升得一步到位，而是通过他们不同的功绩和表现给予适当的奖励，以鼓励人才继续努力。这一点曹操非常高明，在张辽身上尤其可以看得到。

据《三国志》记载，张辽少年时便已举郡吏。汉季之期，并州刺史丁原以张辽武力过人，召其为从事，命辽带兵往赴京都。何进又遣张辽往河北募兵，共得千余人。辽募兵尚未还，京中何进已因剿宦失败而死，因此张辽所领兵尽归董卓所有。董卓死时，张辽统兵归属于吕布，迁任骑都尉

（相当于骑兵队长，地位略低于将军）。

后来，吕布为李傕击败，张辽跟从吕布往东奔至兖州，为曹操所败后至徐州。汉献帝建安二年（公元197年）领鲁相，时年二十八岁。建安三年（公元198年）吕布遣张辽与高顺等攻破刘备，但其后曹操破吕布于下邳，张辽部领吕布军余众归降，被拜为中郎将，赐爵关内侯。建安五年（公元200年）曹操命张辽与关羽同为解白马围的前锋，击破袁绍军，数有战功，累迁裨将军。及曹操击败袁绍时，别遣张辽镇治鲁国诸县。

张辽原本是一名降将，如果曹操刚开始就给张辽封个较大的官职，想必有诸多将士心里不服。于是，曹操便给张辽多次立功的机会，实行梯次奖励，以对张辽的能力加以肯定。张辽通过招降昌豨、攻破袁氏、平定叛乱等多次行动，证明了自己的实力，不仅得到了将士们的赞赏，同时，曹操也根据他的战功对他屡次提拔。

由此可见，曹操在管理人才时，多以循序渐进、诱导为主。这使得将士们不断地受到激励，更愿意为曹操办事。现今企业在人才管理时也应该采取一些相应的措施，以下给出几点供参考。

采用科学、规范的薪酬管理机制。薪酬制度对于企业来说是一把"双刃剑"，使用得当能够吸引、留住和激励人才，而使用不当则可能给企业带来危机。建立全新的、科学的、系统的薪酬管理系统，对于企业在知识经济时代获得生存和竞争优势具有重要意义。曹操就是这么做的，他在选人、用人方面，都是采用梯次奖励的方法。

改革和完善薪酬制度是当前企业面临的一项紧迫任务。企业要想建立科学的薪酬管理体系，领导者就必须学习掌握企业薪酬理论、薪酬设计、薪酬政策、薪酬体系等相关知识和国外优秀企业薪酬管理的先进经验及方法，发挥民主协商、专家咨询、个案谈判等薪酬设计模式的优点，制定出符合本企业的薪酬制度。

设置以绩效为导向的薪酬结构。实行薪酬增减主要是根据员工当期的绩效来决定的，绩效工资的比例随着岗位级别和岗位所承担责任的增加而增加，真正做到薪酬收入与其工作绩效挂钩，并通过对员工工作绩效的量化考核来确定绩效工资的多少，真正建立起以绩效为导向的薪酬结构。

创业看点

采用激励政策鼓励员工积极学习，才能使企业的发展走得更加长远。曹操正是通过梯次奖励的办法，提升了将士对自己的忠诚度，为自己打下了一座又一座的城池，完成了统一北方的大业，尽展了曹操的雄心壮志。由此可见，要想令企业取得成绩，实现薪酬效能，进行梯次奖励是十分必要的。

才德分离制——采用科学的HR体制

关于曹操的用人政策，有人说是德才兼备，唯才是举。这个概括是不全面的。尽管曹操很赞赏一些德行高尚的臣僚，如说崔琰有"伯夷之风，史鱼之直"（《三国志·崔琰传》），对毛玠的俭朴、正直加以肯定，但他公开宣扬的用人政策，强调的是唯才是举，而不是德才兼备，更不是德才兼备加唯才是举。

从建安十五年到建安二十二年，曹操颁布了三道求贤令，在这三份《求贤令》中，强调的都是才，而不是德。偷嫂子、受贿赂、没有德行、不守信用的、行为不检点的、被人见笑的、不仁不孝的，都没有关系，只要有"治国用兵之术"就可以。

曹操杂糅先秦名家"正名实"与法家"贵刑名"的思想，利用庶族寒人抑制门阀贵族对中央集权的破坏，试图恢复王政。曹操更是提出了"明扬仄陋，唯才是举"的主张，在德与才的关系上，旗帜鲜明地突出了才能的重要性，"夫有行之士，未必能进取；进取之士，未必能有行也"，明确要求"举贤勿拘品行"，并对那些"高才异质，或堪为将守，负污辱之名，见笑之行，或不仁不孝而有治国用兵之术"者另眼相待。这种做法突破了汉代察举选人重德行、重知识的选拔标准，在当时具有思想解放的意义。

曹操对郭嘉重用，但郭嘉品行不端，此事遭到后人批评。但同时，许多出身卑微之人如于禁、乐进、张辽、徐晃等也得到大展宏图的机会。因此《三国志》中陈寿盛赞曹操能识才用才："官方授材，各因其器，矫情任算，不念旧恶，终能总御皇机，克成洪业者，惟其明略最优也。"魏文帝曹丕更是直接提出了"官必用才，以亲，非兴邦之选"的选拔思想，在他的周围，更是聚集了一大批当时文武兼修的有才之士。

20世纪80年代以来，人力资源管理理论不断成熟，并在实践中得到进一步发展，为企业广泛接受，并逐渐取代人事管理。进入20世纪90年代，人力资源管理理论不断发展，不断成熟，人们更多地探讨人力资源管理如何为企业的战略服务，人力资源部门的角色如何向企业管理的战略合作伙伴关系转变。其实无论如何发展，企业HR体制的根本都没有变化，那就是"用人所长，规避其短"。

创业看点

　　曹操的确是"唯才是举"的典范，他思贤若渴，为了实现自己的霸业，不拘一格，广揽人才，知人善任，能用度外之人。

136

整齐风俗令——用制度维持企业内部和谐

建安十年九月，曹操下过一道《整齐风俗令》，这道手令是在平定冀州之后下的。冀州是袁氏势力的老巢，长期分裂割据，造成了一种很坏的社会风气，人们往往结党营私，排斥异己，颠倒黑白，甚至连父子兄弟也彼此各树党援，互相诋毁。这些问题，既有社会伦理道德方面的问题，也有政治品质方面的问题，但其共同点都是不实事求是，有的甚至到了荒谬绝伦的地步。这样的诽谤、诬陷，小则会冤枉好人，搅乱人心，大则会搞乱朝政，给国家利益造成损失。

曹操充分认识到了这个问题的严重性，因此下定决心整饬，"四者不除，吾以为羞"，表现了不达目的不罢休的精神。这不仅是为了净化社会风气，实际上还带着清明政治的考虑。

曹操还下过一道《清时令》："今清时，但当尽忠于国，效力王事，虽私结好于他人，用千匹绢、万石谷，犹无所益。"反对"私结好于他人"，实际上就是反对拉帮结派、结党营私。从"但当尽忠于国，效力王事"两句不难看出，曹操反对"阿党比周"、"私结好于他人",不仅仅是为了净化社会风气,稳定社会秩序,更重要的是为了让大家尽心力于国事,树立朝廷的权威,巩固和加强中央集权。曹操这样考虑,是服从于他统一全国的大目标的,对于防止新的分裂割据局面的出现是有积极意义的。

此外,曹操平定冀州后还曾下令不准报私仇,禁止大操大办丧事,违者一概以法律制裁。对于一些关乎民生疾苦的旧俗,曹操也给予了充分的关注。

为了逐步扭转不良社会风气,曹操除对一些陋习明令禁止外,还采取了正面教育的措施。建安八年(公元203年)七月,曹操下了一道《修学令》:"丧乱以来,十有五年,后生者不见仁义礼让之风,吾甚伤之。其令郡国各修文学,县满五百户置校官,选其乡之俊造者而教学之,庶几先王之道不废,而有以益于天下。"

随着社会经济的高速发展,企业内部的"风气"可能会出现问题。很多企业的管理层往往忽视企业的整风问题,对厂规厂纪执行不力,整个领导层都忽视了整风问题的重要性。例如管理层的思想不统一,员工尤其是老员工形成老油条的不良习惯和个人保护主义、霸权主义;从上到下无视企业组织内部的作风问题,无视自我岗位职责与工作责任。这些问题对企业的长远发展极其不利。因此,整风运动显得尤为必要,整风运动也因而就成为一个企业、一个集体、一个家族的重大问题。有了规矩,才成方圆。一个企业只有把企业的规章制度实施到位,一个组织只有把组织的章程规范执行到位,一个集体只有把集体的道德范畴与行为约束落到实处,才能对"风气"问题防微杜渐,才能保证自身的持续健康发展。

曹操在戎马倥偬、百废待兴的时候考虑到"内部整风"，有效地维护了团队内部的和谐，对于整肃军纪也起到了立竿见影的实效。曹操未雨绸缪，着眼长远，表明他的气概和眼光确实是与众不同的。

第五章　制度管理

巧发功臣令——制度建设要随
企业发展而不断改进

公元207年，曹操北征乌桓大获全胜。回师的路上，走到冀州时，天寒地冻，荒无人烟，连续行军二百里不见滴水，军粮也所剩无几，"杀马数千匹以为粮，凿地入三十余丈乃得水"。回到邺城后，曹操下令，当初劝谏他不要征讨乌桓的人，一一予以封赏。曹操说，我这场胜利，完全是侥幸。诸君的劝阻，才是万全之策。因此我要感谢诸位，恳请诸位以后还是有什么说什么，该怎么讲还是怎么讲。也就是在这一年，曹操发布《封功臣令》说，我起义兵，诛暴乱，于今已十九年了，战必胜，攻必克，征必服，难道是我的功劳？全仗各位贤士大夫之力啊！

曹操打了胜仗感谢别人，而且感谢那些劝他不要打这一仗的人，并且很快以"制度"的形式实施。正是这种非凡的气度和超人的胆识，帮助曹操战胜了一个又一个敌人和对手，凝聚了一个又一个勇将和谋臣，就连曾经背叛过他的张绣，也于公元199年再次向他投降。

曹操的《封功臣令》使他的声誉得到大幅提升。曹操深知，他需要大批的人来帮助他、支持他，尤其是要争取高门世族的人来合作，以资号召。能帮忙最好，帮凶、帮腔，哪怕帮闲也行。有才的要，有名的要，徒有虚名的也要。总之是来者不拒，多多益善。就连敌营中的人，他都要设法弄过来为自己所用。

但是怎样才能保证这些来自四面八方、背景特殊的人才都能死心塌地地为自己服务呢？那就是以制度的形式来收他们的心，让他们看到曹操重用人才的决心。制度改进与创新也正是曹操得势的一大法宝。

对于忠心事己的贤才臣僚，曹操无不重恩厚惠，他善于对不同的人、不同的情况采取不同的奖励措施，这是他卓有成效的用人之道。在《论吏士行能令》中，他提出"贤者食于能，斗士食于功"，从来没有听说无能的人、不能打仗的士兵"并受禄赏，而可立功兴国"的，"凡英明的君主，不官无功之臣，不赏不战之士，治平赏得行，有事赏功能"。他主张"赏不逾日，以达明赏罚，呈用众，若使一人"。

曹操非常注重在善待功臣方面的制度跟进。关羽斩了袁绍的大将颜良，曹操立即表奏朝廷，封关羽为汉寿亭侯，即铸刻钢印相赠。建安二十年（公元215年），"始置名号侯至五大夫，与旧列侯、关内侯凡六等，以赏军功"。此做法在当时极大地刺激了人们积极向上的欲望，同时又减少了因分封列侯过多而造成的权力分散问题，大大增强了曹操的吸引力。曹操在潼关用反间计击败马超，闻马超逃脱，遂令诸将"无分晓夜追击之，如果得其首级者，赏千金，万户侯；生擒者，封为大将军"，于是众将纷纷各争其功，追得马超狼狈不堪。

任何一家企业一定要从自身发展来考虑公司的管制问题，这是一种自发的、内在的需求，企业要想持续发展，必须要不断学习，其制度建设也要与时俱进。

一个企业不能仅依靠企业领导人的威信、人格魅力去管理干部员工。"没有规矩不成方圆"，企业的管理基础不应该是无章可循的随机管制。随着企业的不断发展而建立相应的企业管理制度，可以大大降低个人因素影响企业的管理，依靠科学合理的授权、约束和控制，以及对制度进行适时的调整，才能使整个企业有效、健康地发展。

企业管理制度，篇幅不一，多者万言，少者仅有几页，但是它们都在不同程度地发挥着作用。企业管理制度能跟得上公司的发展形势，出台后得到遵守执行才是关键。企业管理制度的改进，应尽量科学、严谨、全面，以便减少修改次数。无论事务性制度、业务性制度或待遇制度的修改均须以减少阻力、快速执行为前提。

创业看点

作为汉魏之际集政治、军事、文学、管理之大成者，曹操内修法度，整饬纲纪，以政治家的远见卓识，不拘一格求贤才，其"唯才是举，奖罚分明"的人力控制思想，不仅冠绝当时，而且对后世产生了深远的影响。

第六章

风险

管理

争天下人心——化敌为友
是转化竞争风险的上策

曹操经常运用逆向思维扭转局势，这是他善于风险管理的突出表现。从其用人策略上看，他十分清楚"争天下必先争人"，对竞争对手，他也深谙扭转态势、化不利为有利之道，收编青州兵令曹操受益匪浅，而在三足鼎立中他也是有着充足的风险考量，利用一切可利用之机来弱化自己的风险。

身处乱世，老板选择人才，人才也选择老板，类似于今天的双向选择，因此争取人才必须先征服人才的心。曹操非常懂得化敌为友的用人之道，他能够洞察人性，洞悉人心，知道人才的需求，令对手阵营的人才纷纷投身到自己的帐下。

曹操"受降卒三十余万，男女百余万口，收其精锐者，号为青州兵"。另外还兴屯田、开水利，以发展农业生产。前者把黄巾军视同子弟兵，化敌为友成为嫡系；后者使人民安居乐业，发展了经济。曹操经此役以后，从此不再有黄巾或其他大规模反抗起义，农民的基本要求是土地，是耕者有其田，曹操满足了他们，这正是曹操的高明之处。

曹操通过这些化敌为友的风险管理策略，迅速积累了自己的力量，他又将这种"争天下归心"的思维运用在与主要对手的博弈上。

联合抗曹是孙刘两家的共同方针，但这种"模式"却未成为曹操的思维定势。他曾经两次联合孙权：第一次是孙策死后，曹操与刚刚走上政治舞台的孙权结为同盟；第二次是孙权想趁关羽北伐时夺取荆州，于是派使者和曹操讨论"联合作战"。

如果第一次联合仅仅是一次"试水"，那么第二次联合则多少打破了当时的势力平稳。在多边利益关系中，从来就没有永远的合作伙伴，也没有永远的对手。对手可以变为盟友，盟友也可以变为对手，全看利益所在和形势如何。赤壁之战时，曹操势力最强，孙刘联盟是必然的。但在刘备"借"得南郡，夺取益州，据有汉中之后，又占领了房陵（今湖北省房县）和上庸（今湖北省竹山），刘备的地盘已经越来越大，而且连成一片。如果关羽再拿下襄阳、樊城，对江东的威胁就大了。作为长江下游的一个地方割据政权，江东集团绝不能眼睁睁地看着刘备和关羽在自己的上游越做越大。这已经不是"吞刘"以"自大"的问题，而是"扼刘"以"自保"的问题了。

当时孙权集团曾多次派人向刘备讨荆州，但都无功而返。事实上，荆州是曹、孙、刘三家都想要的兵家必争之地，谁都不会放弃对荆州的争夺。在孙权集团这边，原来极力主张联合刘备的鲁肃去世后，接替鲁肃的是新一代的领袖吕蒙，而吕蒙是主张"吞刘自大"的。因此，吕蒙接任后，孙权集团"吞刘自大"的呼声日益高涨，荆州的问题也就显得非常突出和敏感。

拿下荆州对于孙权集团来说至关重要，它可以使孙权的势力从江南向长江上游延展，同时也可以解除上游对孙权的威胁。对于这种情况，曹操当然比谁都看得清楚，他深知，这两个对手都不可能真正成为他的盟友，但能争得一时"归心"总比一直对抗要好得多。如果能瓦解"孙刘联盟"，灭了其中一家，另一家便不可能和曹操形成对抗，统一天下则指日可待。

建安二十四年的七月份，关羽发兵攻打襄阳和樊城，这就是著名的"襄樊战役"。吕蒙"白衣渡江"，从背后袭杀了关羽，夺取了荆州。

很多时候，各个相互竞争的企业经常会面临共同的外部威胁，为了生存，各个竞争对手需要团结协作联合抵御共同的威胁。以Sun和微软为例。2004年4月，多年以来相互讨厌和敌视的Sun与微软达成一揽子协议，微软向Sun支付19.5亿美元，解决Sun对微软违反JAVA语言许可协议的指控，双方还同意未来10年内开发出相互兼容的产品。两个公司捐弃前嫌的原因是双方都面临来自开放源码软件所带来的现实挑战，因此比尔·盖茨亲自赴Sun总部与麦克尼利面谈并促成上述协议。

创业看点

荆州之争结束后，孙刘两家之间再无起初的默契合作，曹操则成功转化了风险。曹操曾先后争取过刘备与孙权的归心，虽然都没成功，但他这一化敌为友的风险管理思想却为曹氏集团最终"一统天下"打了基础。

·第二节·

坚持独立性——规避盟友不和的风险性

国内很多公司，包括规模已经很大的民族企业，辛辛苦苦把产业做大，赢利前景也非常不错，此时一些大公司或风险资本看中，频频抛出橄榄枝，意图以资本介入，或干脆收入旗下。面对此等诱惑，很多决策者选择了拱手相让，从此失去独立做大的资本。但事实是，这样嫁出去的女儿不一定会享福。

公元189年，董卓入朝专权，表曹操为骁骑校尉，希图借此拉拢曹操，被曹操拒绝。曹操易名出关，中途被捕，后被释放。曹操到陈留后，招揽义兵，准备讨伐董卓。十二月，曹操起兵于己吾县（今睢县东南），获兵卒五千人，开始拥有独立的军事力量。

次年正月，袁术、韩馥、孔伷、刘岱、王匡、袁绍、张邈、桥瑁、袁遗、鲍信等响应号召同时起兵讨伐董卓，推袁绍为盟主，曹操任奋武将军。二月，董卓火烧洛阳，迁都长安。诸侯联军各怀异心，观望不前，唯曹操孤军奋战，败于董卓部将徐荣，曹操中箭受伤，力战得脱。诸侯联军分崩离析后，曹操看到各路力量不可联盟，不可依赖，决计拒绝各方拉拢，独立发展自己的势力。

192年，青州黄巾军大获发展，连破兖州郡县。济北相鲍信等迎曹操任兖州牧，合军进攻黄巾军。曹操"设奇伏，昼夜会战"，将黄巾军击败，获降卒三十余万，人口百万。曹操收其精锐，组成军队，号"青州兵"。

193年秋，曹操进兵徐州，向东南扩展势力。195年夏，与吕布战于山东巨野，大破吕布。至此，自陈留起兵起，曹操经过六年的经营，终于有了自己的一块根据地。

196年，曹操亲至洛阳朝见献帝，随即挟持汉献帝迁都许，从此取得了"挟天子以令诸侯"的优势。

在乱世，欲成就大事，必须拥有自己独立的武装力量。曹操于戎马生涯之中明白了这个道理，所以在与各路诸侯联合讨伐董卓失败后，就开始坚定地发展自己的力量。自"挟天子以令诸侯"之后，始终坚持独树一帜，独立发展。

商场如战场。曾经有人这样形容微软："千万别跟微软斗，一旦发现前进的道路上出现障碍，微软向来的策略是一炮将它轰平。"这就是强者的力量与风度，曹操自恃为强者，当然无需与任何人"联盟"。

任何企业都应该坚持自己的价值取向，企业决策者应该想到如何在某一种技术方面保持领先，这样才不会成为竞争中的牺牲品。

2004年，亚马逊曾提出以大约1.5亿美金收购当当70%～90%股份，从而实现绝对控股。当当网拒绝了亚马逊公司的收购要求，转而加快海外独立上市步伐。亚马逊碰壁之后，转而瞄向了当当的竞争对手——卓越，后来卓越网亏损9000万元。

2009年，当新华传媒向当当网提出收购意向时，当当网总裁李国庆当场表示："当当现在已经做得很大，没有人能收购，当当的目标是独立上市。"

李国庆一直坚持当当的独立性，不轻易让当当被收购，较好地规避了盟友之间不和的风险性，同时也让当当成为国内首屈一指的网上中文书刊音像城。

当然，坚持独立性并不等于拒绝任何与外界的合作，曹操也不是一味地孤立，他总是寻求时机进行必要的合作。任何企业都需要学习别人有益的经验，接受善意的帮助。但与此同时必须坚持自身独立和尊严，坚持自己的事情靠自己来解决，坚决反对照抄照搬别人的经验和盲目听从权威专家的建议，必须保持自身在思想上、政治上、组织上、法律上的独立性。只有这样，才能最大限度地规避由此而引发的风险。

创业看点

曹操始终坚持独立自主，不为任何势力所左右，在不断地解除风险的情况下令自己的力量得到大幅提升。

·第三节·

言听而计从——对于员工的
正确建议要当机立断

东汉末年，诸侯大多都为割据之雄，他们习惯于偏安一隅，并没有鲸吞四海之地的雄心壮志。所以他们的用兵行动往往更像一种不够光明磊落的冷拳，只在有利可图之时实施偷袭，本身并没有明确的战略意图。独以"六王毕，四海一"为己任的曹操，效"连横"之法，利用别路军事集团的短见，予以各个击破。

曹操大打"挟天子以令诸侯"这张王牌，交错使用恐吓和安抚的办法，以便自己在中原集中优势兵力，将强敌一一击破。这与当年出函谷关的秦军，利用六国间的利害关系最终一统天下的做法，有很多相似之处。曹操获胜的关键便是对郭嘉言听计从。

郭嘉作战总是最大限度地追求效率，所以每次作战都将风险系数推到了最高点，他对敌人心理的揣摩已经到了出神入化的程度。郭嘉的策略得以实施，不仅在于他对敌人的心理把握准确，还依赖于曹操甘冒奇险的胆量。比如，他说服曹操放弃辎重突袭乌桓，这一仗不仅是打得漂亮的一仗，也是曹操军旅生涯中最为凶险的一仗。建安十一年夏天，北方雨多，道路非常难走，曹操设置了一些撤军的假象，并暗中率领一支轻装精兵，在向导田畴的带领下，"堑山堙谷五百余里"，来到早已废弃的西汉右北平郡治的废墟，经过被乌桓毁坏得破败不堪的辽西大道，突然出现在蹋顿王的背后。

乌桓军措手不及，首领蹋顿也被张辽击杀。同年秋天，袁尚被彻底打败。由于这次出征路况非常恶劣，沿途有很长一段地区干旱，没有水，需要掘地取水。粮食吃光以后，曹军将士又渴又饿，不得不先后杀了几千匹战马来充饥，这才艰难到达了目的地，并一举救出不少沦陷敌手的汉人。我们且不谈这一仗是否属于反侵略的正义之战，仅从兵家权谋的角度看，它也是很值得玩味的。郭嘉帮助曹操统一了北方，在曹操先后剿灭吕布、袁绍和袁绍余部的战斗中，郭嘉居功至伟。用曹操自己的话说："每有大议，临敌制变。臣策未决，嘉辄成之。平定天下，谋功为高。"

优柔寡断是老板和管理者的大忌。最好的老板与管理人员都知道，对员工的正确建议作出迅速决策，会便于他们更快地掌控大局。正如已故导演弗兰克·豪泽曾经所说："你有三种武器，'是'，'不是'和'我不知道'。使用这些武器，不要优柔寡断。"

作为企业的管理者，最困难的不是发现不了员工的可行性建议，而是发现了正确建议却不知所措，或者瞻前顾后。有的企业管理者甚至觉得，员工都是些小人物，只会干活，不会想事，更不可能有什么可行的建议，因此听不进他们的建议和意见，也不肯对员工的小点子、小建议给予启发和引导。不能不说这是当今许多企业管理者身上存有的问题，也是至今依然影响员工积极性和创造性的重要因素之一。

对来自员工的正确建议不感兴趣，甚至听都不想听，这种做法是令企业得不到快速发展的原因之一。事实上，员工所提的建议并非条条都可以实施，但他们有的对部分环节或细节比管理者更了如指掌，有着更丰富的操作经验，他们摸索出的经验往往能解决实际运作中的大问题。因而，忽视员工的正确建议，是企业思想资源的巨大浪费。因此，企业对能采用的建议要立即付诸实施，对一时不能用的建议也要向员工解释，做到善始、善待、善终，莫让员工的建议成为"空议"。

创业看点

言听计从建立在员工建议的正确性的前提下的。官渡之战曹操言听计从取得了胜利，而赤壁之战曹操对作战方案缺乏正确的评估，被周瑜抓住战机一把烧掉了所有战船，败得溃不成军。

·第四节·

望梅而止渴——艰难时懂得营造良好前景

曹操不但善于用兵，更善于攻心。在漫长的征战之路上，曹操不断地鼓励士兵的士气。"望梅止渴"的典故便出自于曹操之手，这与"画饼充饥"有着异曲同工之妙，为人们在遇到艰难困境时，营造了良好的前景。

曹操统率了10万大军去攻打张绣。途中，队伍经过一片荒原，当时正是炎热难耐的季节，骄阳高照，地上滚烫滚烫的，士兵们就这样顶着烈日在这如同火烧般的地方行走着，空气中弥漫着的热气使人感到窒息。曹操当时也想着率领着这10万将士，尽快到有水源的地方去，在烈日的威逼下，队伍行军的速度变得越来越慢。

当时，曹操的心里比谁都要着急。他已经问过向导，附近根本就没有水源，他自己的喉咙也已经干燥了，疼痛难耐。就在这时，曹操突然想到了一个可以止渴的妙方。他灵机一动，骑着马，站在一块高地上，马鞭朝前一指，对没精打采的将士们说："前边有一大片梅林，树上结着又酸又甜又多又大的梅子，咱们到那里去吃梅子吧！"将士们听曹操说到梅子，马上想到了梅子的酸味，干渴的嘴里都湿润了起来，一个个垂涎三尺，精神抖擞，很快走出了这片大荒原。就这样，曹操将原本口干舌燥、浑身无力的将士们带出了烈日当头的大荒原。

从"望梅止渴"中可以看到曹操过人的聪明才智和对员工风险管理上的高超手腕。在大军断绝水源、士卒干渴难忍的危急情况下，提及酸酸的梅子，不仅引起士卒的条件反射，暂解干渴之苦，而且鼓舞了士气，"得及前源"。

作为一名领导者，在管理员工时，面对不良环境，要善于控制局势，带领员工走出困境，这才是一名合格的管理者应该做的。曹操通过梅子的酸性，刺激了将士们的味觉神经，缓和了士卒们的顾虑，声称前面有一大片的梅林等着大家，营造了一个良好的前景，让大家继续前行。由此可见曹操的领导才能。曹操不仅是个军事家，更是个谋略家。"望梅止渴"的故事告诉了我们一些在管理方面所需要注意的问题和解决问题的措施方法。

当团队处于困境时，管理者要学会引导自我，以自我意识带动大家。曹操带着士卒在烈日下行走，当时战士们疲惫不堪，唯一的办法就是找到水源，以解燃眉之急。作为管理者的曹操自己当时也是口干舌燥，干渴难耐。但是，曹操并没有因为自己的干渴而失去鼓励大家的信心，反而捏造了一片梅林的远景，引导大家奋力向前。试想，如果曹操和当时的士卒们想得一样，只想找到一片水源，估计走到天黑也走不出大荒原。

梅林这一计，令士卒们通过对梅子的酸性产生条件反射，口腔中自动分泌出唾液，湿润了咽喉，大军才顺利地走了出来。

善于观察事物，有利于营造良好前景。曹操是个非常聪明的人，打着"忠义"的旗号，消灭了袁氏兄弟的势力；在"挟天子以令诸侯"方针指引下，假借天子的名义，掌握着朝中的权势，稳如泰山；在国家潦倒不堪、百姓无依无靠的时候，实行屯田制笼络人心。在做这些事情的时候，曹操为人们打造了美好的前景。"忠义"是当时对付袁氏兄弟的最好武器，这个武器让曹操找到了；"天子"是享有国家政权的唯一人物，曹操为了避嫌，间接地也得到了权势；"屯田"从根本上解决了百姓的疾苦，更是将人心收拢到了一起。曹操为人们营造了一个又一个美好前景，为后来一统北方大业打下了坚实的基础。

由此可见，曹操不仅在带兵时用营造良好前景的办法激励将士，在他打江山、创事业的时候，营造良好前景同样也起到了重要的作用。从曹操的诸多案例中我们认识到，当企业处于低谷或者遭遇不良经济形势时，管理者应站在员工的角度，了解他们的欲望。管理者需要为员工提供的不仅仅是安全感，更要按照他们的欲望铺一条路。沿着这条路，员工就能获得一定的满足感。退一步讲，只要能让他们望梅止渴，就基本成功了。

创业看点

曹操营造梅林的事情，是冒有一定风险的，但作为领导者，就要勇于尝试扭转险恶的局势，就算是再大的风险，也要起到带头的作用。曹操正是这样勇于承担风险，才有了后来的半壁江山。

善于用小人——聪明老板都得有点分身术

无论是创业者，还是管理者，说没有风险是不可能的。曹操作为一名领导者，他所面临的风险更是无法想象。就拿聘用小人这件事来说，曹操有成功也有失败。聘用小人除了要有过人的胆识之外，还要对小人投入一定的精力，才能赢得小人的心。张松和许攸这两个看似不起眼的小人物，却对曹操的霸业有着重要的影响。

先来看许攸是如何助曹操一臂之力的。据《三国志》记载："许攸贪财，绍不能足。" 许攸是个贪财之人，纵容家人犯法，而自己在袁绍手下又不得重用，几经波折最后投向了曹操，并献上烧掉袁绍粮草的计策，令曹军反败为胜。

由此可见许攸的聪慧之处。当时曹操的兵力与袁绍相比相差悬殊，许攸是一个贪财的小人，但是，曹操对于许攸献上的计策没有任何的疑虑，采纳了许攸的建议，最终赢得了战机。在用人方面，曹操不仅善用贤德之人，对于像许攸这样的贪财小人，也是用到妙处，发挥了其本身的价值，为自己雄霸一方做出了重要的贡献。曹操能打败袁绍，很大一部分功劳都应归于许攸的献计。

曹操作为一名领导者，对意见的采纳也是对事不对人。在曹操眼里，小人也有可用之处，这才是一个聪明的领导者。成也小人，败也小人，许攸令曹操取得了成功，而张松却令曹操错失了益州。

据《三国志》记载，张松，字永年，蜀郡人，刘璋的部下，当刘璋处于险境中的时候，张松曾多次提出建议，都没有被刘璋所采纳，致使张松萌生了反叛的念想。张松为人气量小，放荡不治节操，但还算是个有才之人，他认为刘璋暗弱，经常叹息自己在他手下谋事不足以发挥自己的才能。赤壁之战前夕，张松奉命出使结交曹操，谁料张松不被礼遇，因此怀恨在心，并劝刘璋改为结交刘备。与此同时，张松与好友法正共同密谋出卖刘璋，决心将益州献给刘备，劝说刘璋迎接刘备入蜀。可见，张松是一个卖主求荣的小人。

曹操因为事务繁忙，忽略了张松，以致人才流失，而他付出的代价是非常大的。当时曹操刚拿下了荆州，心情愉悦，甚至有点自满，对小小的益州根本就没有放在眼里。而就在这时，让对手刘备得了个便宜，捡了个巧，在失去荆州的时候，得到了益州，从某种程度上给曹操重重地扇了一耳光。若当时曹操能够将自己的胜利心情暂且搁置，分身出来，接受张松的劝说，后果也不会如此。

从曹操对待许攸和张松这两个人的不同态度导致的不同结果可以看出，对待小人要懂得善于拿捏，作为领导者要有点分身术，这样才不会出现顾此失彼的局面。

重视小人献计，才能赢得战机。 曹操在官渡之战中，采用了许攸献的烧袁军粮草的计策，成为当时赢得战事的关键。张松原本是带着西川地图想给曹操献计取下益州的，而曹操却对张松不予理会，错失了战机不说，还错过了一座城池，将益州拱手让给了对手刘备，这是曹操在得荆州后的一大疏忽。

专一固然重要，但适当地采用分身术也是必不可少的。 在攻打袁绍的时候，曹操一心一意只想取得官渡的胜利，对于小人的计策更是言听计从，从曹操光脚迎许攸，到官渡之战胜利，许攸是整个战事中的关键人物，体现出了曹操用人做事专一的一面。然而，张松带着计策来投奔曹操的时候，却没有得到像许攸一样的待遇。难道是曹操不想重用张松？当然不是。曹操是个爱才惜才的人，张松赶到的时候，曹操刚拿下荆州，正忙于荆州事务，无力分身顾及张松的计策，最后才会出现张松倒投刘备的局面。

在日常生活中，也常常有这样的事情发生。当一个项目正在开展时，另一个项目接踵而来，一些领导者对于这突如其来的项目总会手忙脚乱，应接不暇，最后可能会错失良机。

创业看点

适当地分身处理事件，对待献策的小人，也要以礼待之，这才是作为一名领导者应该有的风范。从曹操对许攸和张松两个人的做法上可以看出，正确地对待人和事，才能在战场中赢得更多的胜利。

·第六节·

坐山观虎斗——尽量避免卷入
竞争对手的纷争

　　鹬蚌相争，渔翁得利。曹操遇事能够冷静地分析出前因后果，选择最合适的计谋加以应对。就拿坐山观虎斗来说吧，曹操在面对两方交战的时候，尽量不卷入双方的战争中去，而是冷眼旁观，坐收渔翁之利。真正的智者，会不费吹灰之力夺得最后的胜利。

　　一天，曹操正和众大臣在邺都铜雀台吟诗，众臣们都沉浸在诗歌中。此时，有人来报，东吴使者求见。曹操便问是哪位前来。来报的人说道："东吴使者阚泽求见。"曹操一听是阚泽，便心有余悸，立刻召见了阚泽。阚泽曾在赤壁之战的时候，假装投降引诱曹操上当，赤壁战败，曹操心情本是不快，对阚泽的到来更是气上心头。曹操心想，不知道阚泽这次前来葫芦里卖的什么药，还是提防着点好。

　　阚泽见到曹操便呈上了孙权的书信。曹操接过书信一看，原来是孙权想推举自己称帝，还在书信中吹捧自己。曹操心中暗喜，但立即又收了收心，仔细地分析孙权写这

·160·

封信的用意。当时，孙权与刘备双方正在进行交战，孙权这个时候来信让曹操称帝，曹操不免有些怀疑孙权的动机。

当时，曹操年事已高，常年的战事让曹操已经有些厌倦，就当时的情形来看，唯有静观其变，才是上上之策。当时大臣们有不同的声音，认为曹操德高望重，兵强马壮，实力雄厚，称帝是指日可待的事情，倒不如顺了孙权的意思，称帝坐享天下。

而有的大臣却建议曹操不要称帝，说道："如今天下未定，称帝尚且不妥。"虽然天子无能，但曹操一直是以天子的名义来扩大自己的实力，如果这个时候夺了天子的位子，难免会引起他人的闲言碎语。

曹操反复地推敲孙权写此信的用意，终于恍然大悟，孙权这是想嫁祸于曹操，分散刘备兵力，将目标转向攻打曹操。想到这里，曹操心里一惊，孙权这是想把我曹操放到火炉上烤啊！当然，曹操并没有让孙权的阴谋得逞，而是选择了坐山观虎斗，静观其变地让孙权与刘备互相争斗，自己只是冷眼旁观，不参与纷争。

由此可见，曹操在考虑称帝一事的时候想得非常周全，对于孙权的用计更是反复推敲。两方相争必有一伤，在天下未定的时候去称帝，等于是把自己往火坑里送，曹操是万万不会这么做的。自己一点一点打下来的江山，岂能被孙权的这一封信给捣毁！曹操之所以选择坐山观虎斗，就是为了保全自己的实力，静观其变。

曹操的这一做法是明智的。曹操征战沙场多年，好不容易有了自己的一方领土，与孙权、刘备三分天下。在各方诸侯称

帝的时候，曹操选择"挟天子以令诸侯"的方法，夺得了兵权和政权，自己虽不是真正的皇帝，但在当时的情况下，皇帝只是个虚名，曹操更注重的是实权。唯有实权才能让曹操更大胆地实现自己一统大业的梦想。

三分天下之时，孙、刘、曹各据一势，在孙权与刘备大战的时候，如若曹操此时称帝，必会引起刘备的不满。正在与刘备大军激战的孙权，虽表面上写信恭迎曹操称帝，实际上是想通过称帝之事引曹操卷入纷争之中。曹操清楚地知道，战争就是竞争，有谁来犯就会有谁来挡。孙权与刘备相争，争的就是权势，而曹操此时如果称帝便是将自己的权势公之于众，刘备岂能同意？曹操坐山观虎斗的做法，既避免了纷争，也让自己对是否真的需要称帝进行了一次深度的思量。

曹操年事已高，选择坐山观虎斗的方式，可以大大减少征战的风波，这一点，曹操是做了一番精打细算的。现今社会的领导者要向曹操学习，在处理一些事情的时候，从多方面考虑，结合自身的条件和周围的环境，做出理智的选择，不要因为他人的一些观点，一时冲动，左右了自己的思想。

创业看点

曹操是个有野心的人，说他不想称帝是不可能的。但是曹操知道，如果自己称帝，后果无法想象。当初以天子的名义打下江山，自己一旦称帝就等于是违背天子，这与当初的讨伐名义相悖，肯定会有反对的人群。曹操想到了之前袁绍等人的下场，便以他们作为自己的警戒，没有让孙权的计谋得逞。

·第七节·

召开战前会——对重大决策
都要进行风险评估

　　征战沙场，将士们的士气是战事成功的关键。曹操在每次出征之前，都会召开战前会议，为将士们饯行。在紧要关头，曹操还会说一些鼓舞将士们士气的话，以振军心。如果军心不稳，组织涣散的部队沙场征战，肯定是要吃亏的。作为领导者，在面对重大决策的时候进行风险评估是有必要的。曹操在这方面有得利的地方，也有吃亏的时候。

　　曹操在攻打袁绍的时候，战前工作就做得相当到位。建安四、五年之交，曹操对袁绍当时的势力进行了详细评估，同时，制订了相关的作战计划。袁绍有着十万精兵，与曹操的三万精兵一对一地较量，曹操必败。曹操显然知道这条路是行不通的，于是另谋良策。

　　曹操发现，袁绍虽有十万兵力，但由于长年与公孙瓒交战，将士们大都非常倦乏，无心再战。曹操在《军策令》中对自己的将士们这样说道："袁本初铠万领，吾大铠二十领；本初马铠三百具，吾不能有十具。见其少遂不施也，吾遂出奇兵破之。是时士卒精练，不与今时等也。"说的是袁绍的势力已不堪一击，曹操借此壮大自己将士的士气。

以三万对袁绍十万兵力，曹操冒着拼死一搏的风险，与袁绍抗衡到底。在当时很多人的眼里，这是以卵击石、毫无胜算的举动。但是实践证明，曹操最后获得了胜利。这次的胜利并非偶然，曹操对战事进行了一系列的风险评估，分析了袁绍的兵力实虚，袁绍虽有十万兵力，但气势却敌不过自己三万精兵。

曹操虽纵横战场数年，但仍有失误的时候。在官渡之战中，曹操是个成功者，以少胜多赢得非常精彩。然而，风光不会无限好！过度自信会让一个人迷失方向，产生错误的判断，赤壁之战就给了曹操一次惨痛的教训。

曹操攻下了荆州，却兵败赤壁。曹操没有很好地对战前的风险进行估量，是导致自己在赤壁之战失败的原因之一。曹操的部下多为中原一带的人士，会水性的人少之又少，要在水上作战，本来就是一件非常困难的事情。加上将所有的船只都捆绑在一起，更是将自己定在板子上，给对手当活靶子来打。从这两场战役可以看到，战前风险评估是决定战局的关键。

曹操与袁绍虽兵力悬殊，但曹操以气势压人，赢过袁绍。虽然曹操的军队常年在外征战，但是曹操对将士们非常呵护，他还时常要求士兵们自戒，时刻保持着较高的战斗警惕性。在日常操练的时候，曹操对士兵的训练也是毫不懈怠。而袁绍却一心想着争夺天下，对士兵操练不加重视，更不顾及将士们长年在外征战疲惫的心情，一味地要求将士们为自己征讨领土。由此可见，袁绍在将士们的士气上就早早地输给了曹操。

战前进行风险评估，减少不必要的风险，是取得战机的有利行为。袁绍在攻打曹操的时候，忽略了曹操当时的身份。当时，曹操是当朝天子的人，与曹操作对就是与当朝天子为敌。袁绍一心想着争夺天下，却不知道天下百姓要的就是天子所给的安宁生活。而曹操则借着天子的名义讨伐其他诸侯，这从一定程度上，降低了被其他诸侯追杀的风险，可以名正言顺地讨伐各路反叛的诸侯，同时还能受到百姓的拥护。

曹操之所以能凭着自己的实力一步一步地取得胜利的果实，这与其做战前风险评估是密不可分的。虽然赤壁之战的败笔给了曹操一巴掌，但是它打醒了曹操，让曹操在之后的战役中更加注意对每一场战事做详细的评估，做出正确的决策。

当今企业在选择市场的时候，总是面临着很多的选择，有的形势非常好，但有的却是万丈深渊，一旦踏入就有灭亡的危险。作为企业的领导者要向曹操学习，在面对一些重大决策的时候，根据当时的情况，进行正确地分析，做必要的风险评估，降低不必要的风险，以最好的办法赢取成功。

创业看点

曹操从一个不起眼的小人物，最终成为举足轻重的首领，这与他过人的才智和胆识是分不开的，对事物进行风险评估，尤为重要。这不能不让人感叹曹操的修为之高，境界之深。

权谋分离术——聪明老板要使用
最安全的驭人方略

　　自古英雄多树敌，曹操的雄韬伟略，聪慧才智，令人艳羡不已，但在当时的乱世，要稳坐胜利的交椅，安全的御人方略是必不可少的。在曹操帐下，有谋士，也有武将，二者共为其主，却又互不干涉，这正是曹操用人的独到之处。曹操将文官和武将分开管理，很大程度上降低了反叛的风险。

　　郭嘉是曹操最为得力的助手，在曹操与袁绍大战的时候，他提出的"十全十败"论起到了关键性的作用。郭嘉是荀彧推荐给曹操的，当时曹操手下的谋士戏志才过世，曹操急于用人，便向荀彧求才。荀彧便将故友郭嘉推荐给了曹操，两人一见如故，在军事谋划和实施方面趣味相投。在之后的战役中，曹操都十分重视郭嘉的建议。

　　据《三国志》记载，曹操与袁绍在官渡对峙，当时曹操唯恐孙策乘虚而入，而郭嘉却说："策新并江东，所诛皆英豪雄杰，能得人死力者也。然策轻而无备，虽有百万之众，无异于独行中原也。若刺客伏起，一人之敌耳。以吾观之，必死于匹夫之手。"这一点，当时众人并不相信。但事实证明，孙策被许贡门客所杀。曹操称赞郭嘉料事如神，对郭嘉论事分析的能力更为赞许。

贾诩、程昱等也是曹操最得力的谋士，他们在曹操大大小小的战役中都有过重要的贡献，为曹操分析战情局势，对情形进行战略规划并提出自己的看法，为曹操行军掌舵指引方向。

光有谋士们的策略，没有上阵杀敌的武将，只能说是纸上谈兵，没有实际意义。在曹操帐下还有一批相当得力的武将，张辽、张郃、徐晃、于禁等人的表现尤为突出，他们为曹操征战沙场，屡屡立下战功，为曹操雄霸天下，夺得了一块又一块的领土。

曹操手下的谋士和武将在当时都是数一数二的能人，他们都心甘情愿地为曹操效命，可见曹操的驭人方略有与众不同的地方。这也是曹操能够在权势和政势方面双丰收的原因之一。

重用有才之人，有力的出力，有谋的献计。谋士们手无缚鸡之力，但智可敌国。在曹操的驭人方略里，没有不可用的人，只有不会用人的人。曹操在统管谋士的时候，都是按照自己的要求挑选合适的人才，对于一些与自己意愿有所出入的谋士，曹操一概不录用。曹操在戏志才过世的时候，向荀彧求人才，为的就是通过荀彧寻求实力相当的谋士。

物以类聚，人才与人才惺惺相惜。曹操相信在荀彧的眼里肯定有让他满意的谋士。曹操深知荀彧才智过人，通过荀彧推荐过来的人才，必定与荀彧不相上下。果然，荀彧将自己的故友郭嘉推荐给曹操，曹操对郭嘉更是大加赞赏。郭嘉为曹操争夺领土屡屡献计，赢得了多次战事的胜利。

在战事中，谋事不可少，而武将也非常重要。曹操在选用武将的时候，不论品性、脾性、相貌，只要勇敢，只要武艺过人，就有用武之地。

徐晃原在杨奉手下，杨奉被曹操打败后徐晃投归曹操，在与关羽的作战中立下大功，曹操称赞他"过于莒、即墨，将军之功，逾孙武、穰苴"，死后封为壮侯。

从徐晃的经历可以看出，曹操对待武将的驭人方略与谋士有所区别。谋士更加注重的是精神层面的鼓励，脑力劳动者，需要得到的是主公的赞许和支持。而对于武将而言，更重要的是通过战绩的胜利得到主公的嘉赏。

曹操正是根据不同类型人物的不同特点驾驭人才。这一点对当今企业管理者的驭人之道有重要的启示意义。

创业看点

曹操在官员管理方面，有着自己独到的地方，针对不同人群使用不同策略，可谓是驭人用人的高手。

念文

地花

管理

借皇家旗号——战略方向一定要明朗

　　战略方向是指企业制订战略方案和战略决策的指导方向。企业的战略方向是指产品和市场的综合选择。曹操在逐鹿的时候，所选的方向，就是以天子为中心，讨伐叛乱的诸侯，以扩充自己的实力，达到一统天下的目的。

　　当各路诸侯都占山为王的时候，曹操选择了一条与他人不一样的道路，那就是"挟天子以令诸侯"。当时，曹操的实力在各路诸侯当中微不足道，任何一个诸侯的势力都有可能将曹操的部队击垮。曹操选择归顺天子的用意与他当时的实力有着很大的联系。

　　当时，群雄四起、各地割据的军事局面也已成定势。袁绍、公孙瓒、吕布、袁术、刘表、张绣、孙策等诸侯都拥有自己的一片领土，同时，各路诸侯为了能够雄霸一方，彼此之间进行着激烈的争夺。曹操虽拥有兖、豫二州，但与其他诸侯的势力相比还是有很大距离的。若曹操与其他诸侯一样参与争夺的战争，其结果肯定是不堪设想。

刘协九岁即位，又遇董卓造反，在天下人眼中，董卓是个无恶不作的奸臣，毫无信用可言，只要有当朝天子刘协在的一天，董卓的皇帝梦就不可能实现。曹操假借天子名义，高举忠义大旗，光明正大地与董卓展开较量，赢得了众多英雄好汉的鼎力相助。其实当时曹操并没有接到天子的任何口谕，曹操只是略施小计，发了一道假的诏书，便赢得了众人的支持，让曹操看到了皇家在人们心中的地位。从此，曹操便开始打着为正义而战的名号，实现他自己远大的理想和抱负。

在各路诸侯争夺天下的时候，曹操迎接天子刘协，在很大程度上吸引了众多百姓的关注。在百姓眼里，只有天子才是真正的皇室血统，其他想称帝的都是为了争夺权势的反贼，即使做了皇帝也终究会背上个反叛的恶名，不得人心。曹操正是考虑到了这一点，才决定假借天子之名，迎接天子的到来，这不仅能够得到个护驾有功的好名声，还能为自己实现更大抱负做后盾，何乐而不为？

于是曹操抓住有利时机，派专使进京上表，声称要辅佐王室，以"勤王"名义发兵保驾。当汉献帝与百官被李傕、郭汜领兵追击时，"但见尘头蔽日，金鼓喧天，无限人马来到"，这是曹操派夏侯惇为先锋，引上将十员，精兵五万，前来保驾。随后曹操又差曹洪、李典、乐进等上将率步兵数万，前来协助。曹操则亲率大队兵马，于次日到来。汉献帝不禁称赞道："曹将军乃寡人社稷之臣也！"

虽然当时汉献帝早已名存实亡，东汉政权也早已土崩瓦解，但是从全局来讲，以天子的名义，无论是发兵征伐其他诸侯，还是以封官赐爵的方式分化瓦解敌对势力，都能产生显著的效果。

曹操对于"挟天子以令诸侯"这一策略有着非常清醒的认识。他认为只有"挟天子以令诸侯"才能取得一个比较"顺"的形势，即其所称的"奉主以从人望，大顺也"。

作为汉朝丞相的曹操，无论是征伐天下还是其他，任何事情他都可以名正言顺地打着天子的旗号，达到自己的目的。当时天子年纪太小，又没有太多的实战和管理经验，只是徒有虚名，并无真正的实权，真正的兵权和政权完全掌握在曹操的手中。天子一切都得听曹操的。所以在当时的情况下，曹操说的话就是天子说的，曹操做的事便是天子做的，无论后果如何，最终背黑锅的是天子，曹操在众人眼里是为天子效力的，实质上天子只是曹操为了实现自己抱负的一枚棋子。

一个企业要想实现长期稳定的发展，就要有正确的战略方向。在正确的战略方向的前提下才能做出正确的投资计划，企业才能获得更好的发展。不论是何种投资，都要依据战略方向。然而，现实中往往有很多企业单纯地把产业方向当作战略方向，这就带来了发展的风险和失败的可能。如果一个企业能够区分产业方向和战略方向，那么它就会清楚地理解战略方向的实质，知道战略方向不是一成不变的，在不同时期战略方向是不同的，也就能够正确研究决策，从而减少失败的风险。曹操就是这么做的。

創業看点

曹操凭借天子的旗号，逐一平定了当时比自己实力强大的袁氏兄弟和吕布等人；借着天子的名义，赢得了百姓的拥戴；借着天子的名义，笼络了各路人才，成为三国时期三分天下的霸主之一。

人才至上论——价值取向决定企业兴亡

一个企业能否长久有效地发展下去，从根本上取决于对人才的重视程度。曹操之所以能够在三国鼎立之时取得不败战绩，就是因为他重视人才。曹操的成功，与他对人才的重视密不可分。他曾三下求贤令向天下苦求贤才；在军营当中，提拔人才；在小人之间，重用人才。他的目的只有一个，那就是每个人才都有其自身的价值，只要对自己事业发展有利，都是可用的人才。

曹操很能容纳人，很会用人，很善于驾驭人才。"礼遇关羽"便体现出曹操重视人才的心态。关羽是一个非常难得的人才，很早就被曹操看中了。当关羽"温酒斩华雄"的时候，曹操就看出关羽是一个非凡的人才。

后来，在屯土山，关羽保护着刘备的两个妻子到处寻找刘备时，被曹操的军队团团围困住。关羽知道，如果不投降，他可以杀出重围或者战死沙场，但刘备的两个妻子会因此而死。最后，他在张辽的劝说下投降了曹操。

然而，关羽投降的同时提出了三个条件，这便是著名的"屯土山约三事"。在这三个条件中，关羽提出了最重要的一条，也是对曹操来说最苛刻的一条："但知刘皇叔去向，不管千里万里，便当辞去。"

　　曹操接受了这一苛刻的条件。他上书汉献帝，请求封关羽为汉寿亭侯，还为他兴建了一所大房子，装饰得很是豪华，又送了一批丫鬟、厨师，整天伺候他，让他整日享受富贵荣华。他要以此来感化关羽。虽然他知道关羽和刘备有结拜之义，关羽是无法弃刘而投靠自己的，但曹操仍想方设法地去感化关羽，希望关羽能回心转意。

　　曹操对关羽的好，并没有换来关羽的真心投降，关羽仍一心寻找刘备的下落，对此曹操并不懊恼。关羽很感激曹操，所以后来帮曹操斩颜良、诛文丑，也是基于对曹操的感激之情，甚至后来的"华容道放曹"也是因为这些。

　　曹操是很爱惜人才的，即使关羽并非真心投降自己。在关羽"千里走单骑""过五关斩六将"时，曹操一直保持着对关羽的敬重与爱戴。当曹操得知关羽要离开自己去寻找刘备的消息时，先是"大惊""云长去矣"，而后他很快镇定下来，明智、通达、干脆利落地处理了这一事件。

　　对关羽的不辞而别，曹操的部下都愤愤不平，很多人主张追而杀之，然而曹操却力排众议，对关羽的行为赞赏有加："事主不忘其本，乃天下之义士也；来去明白，乃天下之丈夫也。汝等皆可效之。""千金不可易其志，真仗义疏财大丈夫也。此等之人，吾深敬之！"曹操的话，不但夸奖了关羽，而且对属下也是一种激励。

面对决然离去的关羽，曹操仍然极力笼络，并亲自为他送行。关羽说："久感丞相大恩，微劳不足补报。异日萍水相会，别当酬之。"最终，关羽"挂印封金"而去。曹操又恐沿途有人刁难他们，便三番五次地派人，通令沿途关卡不得为难关羽一行。

曹操以自己的行动，向世人表明自己的"求才"之心、"惜才"之意。他的这种肚量、胸怀，是与众不同的。他以实际行动表明自己要"取信于天下"。当日屯土山关羽相约三事，曹操已答应"吾愿从此三事"，所以曹操说："吾昔日曾许之，今日故舍之。若追而杀之，天下人皆言我失信也。彼各为其主，勿追也。"后人为此作诗称赞曹操说："为爱英雄越古今，三番遣使意何深。应非孟德施奸狡，正是拢笼天下心。"

曹操对待关羽如此用心良苦，可见他对人才的重视非同一般。当今很多企业，对人才的重视程度不亚于曹操对待关羽。一些企业还特意针对不同岗位的特殊型人才，提供了优厚的待遇，并为其家属安置工作等，以留住人才。**人才作为一个企业发展所必需的因素，如何发挥其作用，是决定企业成败的关键。**只有明确人才所需，找准留住人才的切入点，才能在真正意义上留住人才。

创业看点

曹操人才至上的观点，为他笼络了大量人才，为他自己的事业发展做了足够的人才储备。

力量型领导——如何将老板文化
打造成企业文化

曹操作为一方的霸主，乱世中的枭雄，身边凝聚了很多人才，这为曹魏政权的建立打下了基础。曹操将自身的优势展现出来，形成了自己的治世用人风格，带领他的曹家军走向了一统北方大业的顶峰。

董卓入城后，横行霸道，无恶不作，满朝文武皆对此敢怒不敢言，不知所措，痛哭失声，只有曹操抚掌大笑，自告奋勇，勇献宝刀，欲趁机刺杀董卓。虽然最终没有成功，但曹操过人的胆识着实令人佩服，也就是在那个时候，曹操的领导才能浮出了水面。

曹操足智多谋，在他的领导下，原本一盘散沙的青州兵被收拾得服服帖帖，以三万兵力打败了袁绍的十万人马。曹操一路走来，所胜战役无数，这与其过人的领导才能是分不开的。当时的形势，可以用八个字来形容：弱肉强食，适者生存。

袁绍之所以会失败就是因为他的领导魅力不够，没有真正打动下属们的心，没有为自己打造出一套真正的管理体系。虽然在攻打曹操时他有十万人马，但是军心涣散，没有战斗力。许攸的叛走，更是袁绍不重视人才、缺乏领导力的表现。

郭嘉曾将曹操与袁绍的实力进行对比：袁绍繁体多仪，而曹操任其自然发展，这一点曹操胜出；袁绍讨伐曹操，曹操是天子手下的人，讨伐曹操就是与天子作对，是逆天而行，曹操与袁绍交战只是顺应天意，替天行道，这一点曹操又胜了；袁绍不懂得用人管理，谋略方面又没有自己的判断能力，想成就事业，是非常困难的，而曹操却一心想着广揽人才，这与袁绍有着天壤之别，曹操再次胜出。

由此可以看出，曹操是一个力量型的领导者。他懂得用人之道和用兵之道，更知道只有以国家为核心才能最终成为赢家。所以曹操借着天子的名义，树立自己的威信，讨伐各路诸侯，同时培养大量的人才和谋士，为实现自己一统天下的理想做准备。

曹操作为一名领导者，做事非常有魄力，对待事物当断必断。曹操斩吕布便是如此，哪怕吕布再三向他求饶，说自己能为他带来多大的好处，他都不为之所动，当机立断，将吕布送上断头台，以示众人，树立自己的威信。这就是曹操，他在面对人才诱惑的时候，立场坚定，以自己的思维方式来判断是否有留用的价值。曹操斩吕布很大程度上威慑了那些曾经以吕布为首的"粉丝"们，他们看见吕布被斩首示众，就只能向曹操俯首称臣，从此心甘情愿地为曹操办事。

曹操虽然奸诈，但他有正直的一面。曹操年轻时曾在洛阳做北部尉，上任伊始，就在县衙内设立五色棒，不论贫贱富贵，凡是触犯法律的人，都依法以五色棒打之。东汉末年，宦官专权，然而曹操从不对权贵阿谀奉承。十常侍蹇硕的叔叔，曾深夜提刀而行，被曹操巡夜拿住，他毫不犹豫地依法对其进行了惩罚。在日常的生活中，作为管理者，要时刻做到公正不阿，不徇私枉法，赏罚分明，才能让人心服口服。

在管理军队时，军纪严明是曹操一直坚守的原则之一。曹操"割发权代首"的故事彰显了力量型领导者该有的素质。不仅如此，曹操还善于聆听。官渡之战中，陷于困境的他听取许攸之言进兵乌巢烧尽袁绍之粮草，断其后路，最终以少胜多，扭转乾坤，为统一北方奠定基础。后来他又听取郭嘉的遗言放袁尚入辽东，最终不费一兵一卒收辽东、杀袁尚，正可谓一石二鸟。作为一名管理者，要学会聆听手下人的意见，虚怀纳谏，这是成功的必备条件。

创业看点

曹操将自己的远大抱负，打造成了企业的奋斗目标，并把自己毕生的精力都投入到了事业当中，打造了刚正不阿的曹家军。当代企业领导要向曹操学习，将老板自身的素质打造成企业文化，只有让下属们信服，甘心情愿地为自己做事，才能成为真正的赢家。

结果导向观——以结果为导向释放员工潜力

　　攻心计，是曹操在用人管理方面常用的手段之一。通过结果来释放员工的潜力，是曹操对人才攻心的表现。一个人的才干发挥得好不好，关键在于领导如何开导，领导的诱导是结果导向的关键所在。曹操手下的人才各有所长，曹操之所以能将每个人的长处发挥到可用的地方，彰显他们的才华，从真正意义上释放他们的潜力，让他们更愿意为曹操卖命，是因为在曹操这里，那些人才得到了在别的主公身上所得不到的东西，那就是自信和施展才华的平台。

　　庞德原来是马超的手下，后来投降曹操。在曹操的众多部将之中有很多都是降将，对于这些人，曹操往往都能信任有加，这是曹操一直坚持的"疑人不用，用人不疑"的原则，也是曹操用人的一个特点。曹操的用人权术很高明，他能把每个人都掌握在股掌之中，对于他们的一举一动，他们的心机，都能很好地掌握。他能控制那些人，所以他不用怀疑，能放心地用他们。

　　当曹操准备派兵到樊城救援，抗击关羽时，庞德毛遂自荐，愿为先锋，曹操于是加庞德为征西都先锋。

大将于禁对曹操这一决定有所顾虑，私下跟曹操说："庞德本是马超的手下，现在马超已经投降了刘备，又怎么能指望庞德忠心耿耿地抗击关羽呢？"

面对于禁的怀疑和提醒，曹操把庞德叫来，当面质问他说："孤得卿数载，所用并无猜疑。今日用卿，闻得马超现在西川，汝兄庞柔亦在西川，俱佐刘备。孤纵不疑，奈众口所言，因此不用。"曹操的话说得很明白：对于你，我虽然一点也不怀疑，对你绝对没有任何猜疑之心，但是因为马超现在在西川，你哥哥也在西川，都投奔了刘备。让你做先锋，我不怀疑你，但是有人这么怀疑你，你又能拿什么来担保你能够对我忠心耿耿呢？

庞德一听，当面免冠顿首，血流满面，表达了对曹操的忠心不二。回家以后，他还特地做了一口棺材，表示欲与关羽决一死战。

经过这一"智激"，庞德与关羽的对战非常激烈。关羽很少打败仗，但这一仗真打败了，关羽真打不过庞德。庞德破釜沉舟，就是死在沙场上也要打败关羽，这是很可怕的。在战场上，他使了一个"拖刀计"，一箭把关羽的左臂射伤，关羽掉下马来。幸亏关平前来相救，加上于禁怕庞德得了头功，马上鸣金收兵，关羽才算保住性命。

从这个事例中可以看出，曹操用人用得非常到位，善于攻心更是曹操的强项。曹操找庞德谈话的目的就是要他在战场上使出浑身解数对抗关羽，结果他做到了。曹操要的就是这场战斗的胜利，而其他的只是其次。从中我们看到，曹操以结果为导向，让他在大小战役中得益不少。

以攻心导向打造成功。曹操一向是用人不疑，疑人不用，用人看似马虎，实则粗中有细。曹操虽知庞德的哥哥是刘备那边的人，却仍大胆地起用庞德出征，这是曹操胆识过人的一面，同时，曹操也想通过庞德的这次表现来试探庞德的真心。曹操与庞德的谈话，是曹操在战前进行攻心诱导的直接表现，他将自己的心思表露给庞德，让庞德自己思量战役的结果所带来的影响。庞德是个重情重义之人，对曹操的知遇之恩，自然感激不尽，这是引导他打败关羽的一个重要环节。

释放人才的潜能，将效果放大。 每个人都有自己的潜能，庞德也不例外。曹操从侧面激发了庞德一心为己的决心。庞德为了表明自己一心向主，自备棺材以表奋战的决心，可以看出，曹操这一计收到了非常好的效果。果不其然，最后庞德将关羽打败了。关羽是刘备手下的五虎将之一，在当时能将关羽打败的人可以说是少之又少，而庞德却做到了。从庞德身上可以看到，一个人潜能的释放，对结果的导向有着一定的影响。

对于公司领导来说，手下的人才有很多。但是人才并不等于全才。金子并不是放在任何地方都会发光的。就像一粒饱满的种子，只有埋在肥沃的土地里才能茁壮成长，开出绚丽之花。如果放在贫瘠的土地上，便是一种浪费。对于人才，只有将其放在正确的位置上，正确地运用，才能使其发挥最大作用。

创业看点

纵观历史，成功者往往都具备识人并导向结果的能力，曹操便是其中的高手。无论是管理者还是普通人，都需要向曹操学习，要学会不停地琢磨人的心理，诱导他人的思维方式，将结果导向对自己有利的一面。

构诗赋文化——和员工打成一片
才能充分发挥人格魅力

作为一代枭雄，曹操心里非常明白，要想获得手下人的支持，就要学会与他们打成一片。曹操作为枭雄的同时还是一个文人，尤其喜欢赋诗。这是他与手下文人墨客相互交流的主要方式之一，也是其人格魅力的体现。他既是一个现实主义者，又是一个理想主义者，两者和谐地融合在了一起。

平定了北方割据势力，控制了朝政之后，曹操亲率大军，抵达长江北岸，准备消灭江南的孙权和刘备政权，进而统一全国。建安十三年（公元208年）冬十一月十五日，天朗气清，长江之上一片风平浪静，曹操于是下令："今晚在大船上摆酒设乐，款待众将。"

当天晚上，皓月当空，明亮异常，在月光的照耀之下，长江就像一条横飘的素带。在大船之上，众将个个锦衣绣袄，十分威风。文武众官，各依次而坐。曹操面对此情此景，环视四座，心中欢喜，对众官说："我自起义兵以来，为国家除凶去害，发誓扫清四海，使天下太平。如今，只有江南还没有得到。今天我带领百万雄师，还有各位的辅佐，又怎么会不成功呢！等到收复江南之后，天下无事，再和各位共享富贵，以享太平。"曹操正笑谈间，忽然听到乌鸦叫着往南飞去。曹操问："这乌鸦为何半夜鸣叫？"左右的人回答说："或许是乌鸦见到如此明亮的月亮，以为天亮了，所以才鸣叫着飞离了树。"曹操又大笑。

这时，已经喝醉的曹操站在船头，横槊告诉众将说："我拿此槊破黄巾、擒吕布、灭袁术、收袁绍，深入塞北，直达辽东，纵横天下，颇不负大丈夫之志，在这良辰吉日，我作歌，你们跟着和。"接着，他唱道："对酒当歌，人生几何？譬如朝露，去日苦多。慨当以慷，忧思难忘。何以解忧，唯有杜康。青青子衿，悠悠我心。但为君故，沉吟至今。呦呦鹿鸣，食野之苹。我有嘉宾，鼓瑟吹笙。皎皎如月，何时可掇？忧从中来，不可断绝。越陌度阡，枉用相存。契阔谈宴，心念旧恩。月明星稀，乌鹊南飞。绕树三匝，何枝可依？山不厌高，海不厌深。周公吐哺，天下归心。"

从中我们看到了曹操以诗歌抒发自己求才若渴的心情，同时又显现了他傲视群雄、博览天下的野心。曹操上得官场，入得战场，这是他与众不同之处。正因为这一点，他才能与那些文人们打成一片，与他们共同饮酒做诗，高谈阔论，借以抒发自己的情怀，打动更多有志之士的心。

古往今来，所有的创业雄主都深知，要治国平天下，首先要有经天纬地之能人辅弼。汉高祖唱《大风歌》曰："安得猛士兮守四方！"这是发自其内心的声音。此刻的曹操，"方其破荆州，下江陵，顺流而东也"，表达他对人才的渴求是十分迫切的。以致在此月明星稀之夜，"酾酒临江，横槊赋诗"之时，他不禁一吐求贤若渴之情。

人格魅力，是曹操成功的一大武器。曹操用自己的诗赋才华打动着手下的文人墨客，影响着他们，让他们感受到自己的人格魅力和对人才的重视，令他们更加卖力地为自己拼搏。

曹操就是这样用自己的人格魅力，书写了一篇又一篇气势磅礴的大作，激励了一批又一批人才加入到自己的队伍。

作为一个企业的管理者，人格魅力对其领导能力有着直接的影响。因此，要提高个人的领导能力首先就要提升自己的人格魅力。人格魅力是一种人格的凝聚力和感召力，是由一个人的信仰、气质、性情、品行、智能、才学和经验等诸多因素综合体现出来的。企业管理者的人格魅力和领导风格能够有效地感染员工情绪，调动员工积极性，激励员工努力工作。作为领导者，要懂得亲近员工，深入员工生活，和普通下属打成一片，让他们在不知不觉中发现你的人格魅力，并为之感染、鼓舞，工作也就会变得轻松而高效。

创业看点

曹操是个很有学识的领袖，甚至比汉武帝、唐太宗还突出，在他身上显露出浓重的文人气质，这种人格魅力深深地影响了他身边的人。

替天灭乱党——缔造
富有社会责任感的企业形象

曹操在打着皇家旗号的同时，还打着替天子灭乱党、统一天下的旗号，时刻表明自己对汉朝江山的拥护及自己的责任感。在群雄逐鹿中原的形势之下，豪强们都各据一方。此时倡导统一，就是"顺"的；而倡导割据，就是"逆"的。

曹操宣称辅佐天子来统一天下，这在名义上是很"顺"的。刘备虽也宣称"匡扶汉室""统一中原"，然而他只不过是想建一个自己当天子的王朝，这就是不"顺"了，虽然他是"皇叔"；东吴孙权，本是汉朝臣子，然而他也是想建一个自己当天子的王朝，那就更不"顺"了。

他们都不是汉朝天子，他们想做的不是辅佐汉献帝，而是要越过汉献帝，所以都不是"顺"的，无论怎么做都不顺。然而对于曹操来讲，因为他汉朝丞相的身份，再加上他以天子的名义去谋求一切，所以无论他做什么都是"顺"的。

为了使自己"顺"，以满足利己的需求，更能实现自己的志向，曹操在董昭的建议下，对汉献帝说，洛阳宫殿残破，粮食不足，又是兵家必争之地，太危险，而许县"地近鲁阳，城郭宫室，钱粮民物，足可备矣，可幸銮舆"。坚持"夫行非常之事，乃有非常之功"，把国都迁移到许县，这实际上是曹操要满足自己的私欲，把汉献帝牢牢地掌握在自己的手中的一种谋略。"自此大权皆归于曹操，出入常带铁甲军马数百，朝中大臣有事先禀曹操，然后方奏天子。"

曹操打着正义的旗号，讨伐各处的乱党，董卓就是第一个被征讨的对象。由此可见曹操的用心所在。灭董卓是替天行道的事情，天下兴亡，匹夫有责，这是曹操号召群雄对抗董卓的出发点，同时也是曹操成就自己雄霸天下之伟业的起点。

曹操通过替天行道的檄文，为自己树立了正义的形象，不仅如此，曹操所统领的军队也因此成了一支正义之师。随着正义之名的不断扩散，队伍的人数逐渐增加，军事实力得到了不断扩充。这为曹操实现远大的抱负积攒了正义之气，全军上下都被赋予了正义的使命，每一位将士都是为正义而战的英雄。

树立社会责任感，是成功的关键。曹操的檄文发布后，一时间群雄涌入。绝大多数人都是冲着曹家军是一支为正义而战的正规军而去的；相反，董卓的军队则是让天下人觉得可耻的乱党。从军队荣誉方面，董卓的军队大失人心，曹操却深受人们的拥戴。

塑造良好的形象，可以增强集体荣誉感，汇集更多人才。曹操知道单凭自己的实力，要想打倒董卓是不可能的，唯有借助外力的帮助，才能从根本上将董卓这个最大的敌人铲除。他首先树立自己为人贤德的形象，感召天子的圣恩。他为董卓专横感到愤慨，替当朝天子感到叹息，同时对陷于水火之中的百姓感到同情。曹操极力将自己塑造成一个好人的形象，感召他人，为的就是让大家能够团结一心，荣辱与共，一起对抗董卓。事实证明，曹操成功了，他通过号召群雄，开始了雄霸天下的第一步。

曹操的成功，与他的管理有着密不可分的关系。其中，他为自己的军队树立的良好形象更是起到了关键性的作用，为自己招揽了许多人才，增强了将士们的集体荣誉感，也增强了全军上下共同奋进的决心。自讨伐董卓以后，曹操便开始着手"挟天子以令诸侯"的相关事务，逐一讨伐了张绣、袁绍、吕布等乱党，踏平了中原一带的反叛势力，扩张了自己的统管区域。

曹操通过树立正义之师的形象，得到了梦寐以求的权势，打着替天行道的名义，夺得了大片的疆土，施展了自己的雄心抱负。其中值得我们学习的一点，就是缔造富有责任感的形象是带好一个企业的出发点。如果一个企业从管理者到普通员工都能有高度的责任感，那么这个企业最终一定会有很大的发展。树立社会责任感并不仅是企业自身的事情，而且是企业中每个员工的义务和使命。因为企业的所有事情最终都要落实到每个员工身上。工作也是落实社会责任的一环，绝不仅仅是一种谋生的手段，哪怕是一份非常普通的工作。

创业看点

　　树立企业的责任感，对于任何一家企业来讲都是非常重要的。公众形象如同一个企业的招牌，可以不断为企业吸引大量的人才和利益。曹操就是这样一步一步地取得成功的。

颁布诸法令——企业文化要
以制度为载体付诸实施

　　曹操之所以能在乱世之中，三分天下有其一，与他所颁布的法令有很大的关系。曹操自迎汉献帝到许都之后，便忙于日常的政务，其间经常处理一些案件，多数都以当时的汉法为主要的处罚依据。长此以往，曹操发现，现行的汉法当中有很多不足的地方，于是他很快开始着手重整法令的事务，以正朝纲。

　　曹操在位期间颁布了诸多法令，多数都是从两个方面着手，一方面是对执法人员做出规定，另一方面则是根据突出事件，随宜设辟，制置新科，将法令落实到具体事件上。这样一来，不仅约束执法者，使其公正执法，还对法令中有所疏漏的地方随时加以补充，使法令更加完善。

　　据《三国志·魏书·满宠传》记载，初平三年，曹操至兖州后，满宠被辟为从事。建安元年，曹操为大将军，以满宠为许令。当时将军曹洪的宗室等依仗权势，在许县多次犯法。满宠不畏强权，将犯法之人抓捕并依法处理了。曹洪闻讯后，写信给满宠，请求将他们释放，满宠不听。曹洪上告曹操，曹操至许，准备说情。满宠闻后，迅速将这些人杀了。曹操知道后，不怒反喜，说："当事不当尔邪！"

曹操认为，犯了法就应该受到处罚，无论是故旧还是亲属，在法律面前都应该做到人人平等。曹操不仅没有责怪满宠的行为，反而对满宠的做法表示称赞。由此可以看出曹操对待触犯法令之人，一视同仁。话虽如此，但曹操也有网开一面的时候，对一些事件也会酌情处理。

曹操立法相当苛峻，执法却很人性化，对待任何事物都有轻有重，为此深得将士信服。据《三国志》记载，建安二十四年魏讽反，黄门侍郎刘廙之弟刘伟为讽所引，当相坐诛。曹操说道："叔向不坐弟虎，古之制也。"刘廙知道自己有错，便上前说道："臣罪应顷宗，祸应覆族。遭乾坤之灵，值时来之运，扬汤止沸，使不燋烂；起烟于寒灰之上，生华于已枯之木。物不答施于天地，子不谢生于父母，可以死效，难用笔陈。"曹操向众臣说道："廙，名臣也，吾亦欲赦之。"

原本议论纷纷的大臣们听到曹操的决定后，也点头对曹操处事宽严有度的做法连连赞叹。曹操是个智者，在对待千奇百怪的人才时，他手持礼法，以治国策，使全国上下都发展得井然有序。依法办事，法外施恩，都是曹操在法令方面的管理之道，这为其稳步平定北方做出了长远的贡献。

在农业方面，曹操看到了民间的疾苦，颁布了一系列屯田制度。从刚开始的以农民交粮为主到军民共建、分工合作的方式，分摊了百姓缴粮的困难，确保了军粮的充足供给，既解决了因意外导致粮食短缺的问题，也为国家储备了充足的粮饷。举国上下，对于屯田工作的开展予以一致好评，一时间，曹操成了百姓心中的活圣人，曹操又一次将自己的良好形象树立在百姓心中。

任何法令，颁布只是个过程，关键是要实施到位。曹操在设立法令的时候，分别设立了监管人员和执法人员，对任何事物都讲求有规可循，有法可治，有理可讲。在对待刘廙的事情上，曹操法外施恩，赦免了刘廙，但那是在刘廙知错悔过的情况下。如果刘廙知错不改，曹操一样会一视同仁，毫不留情地处置刘廙。满宠严格执法就是一个例子，曹洪想通过自己与曹操的关系压制满宠，在曹操眼里曹洪的行为就是藐视礼法，对法令不放在眼里，曹操只有以法来振朝纲，以示众人。

有赏有罚才能使企业得到发展，曹操认为制度约束人的行为，法令约束人的修为，凡是触犯制度的人，以理教化，错而改之，像刘廙一样，知错能改，就是可留之人。而触犯法令则当罚，像那些多次触犯法令的人，不加以处罚，法令在众人眼里只会成为摆设，没有任何效果。

在曹操眼里，一个强大的国家必须有与之相匹配的法令，所以他才能一步步地坐拥天下。同样，对于当今任何一个企业而言，制度是管理公司的必要元素之一。企业文化与企业制度都是企业运行机制不可或缺的重要组成部分。

创业看点

　　曹操对待事物以法为先，以制度为出发点，就事论事，深得人心。企业只有将制度和规定落到实处，才能走得更加长远。

第七章　企业文化管理

打不散的兵——要培养员工 对企业文化的认同感

　　曹操带领着青州兵走南闯北，立下了赫赫战功。青州兵是曹操一手培养起来的一支精锐部队。官渡之战全靠青州兵在战场上奋勇杀敌，才赢得了胜利。众所周知，青州兵原本是由一些流寇、难民所组成的队伍，在曹操接管以后，成了一支打不散的队伍，这与曹操的管理有着密不可分的关系。

　　曹操对人才的管理有着独到之处。有人粗略统计过，曹操的谋士有百余人，武将千余人。他之所以能够聚集如此之多的人才为其效命，主要在于他深谙用人之道。在用人方面，曹操往往能给部下以足够的空间去发挥个人的才智，对待青州兵也是如此。

　　曹操是皇家的人，他的军队自然也归属于皇室。在这一点上，曹操帐下的人都明白，给曹操办事就是在为朝廷办事。在当时的战乱时期，只有朝廷的部队才是正规部队，青州兵在几经流散之后，心中一直向往着能够归顺朝廷，成为一支名正言顺的部队，而曹操恰恰给青州兵提供了这个实现梦想的机会。

青州兵被曹操收编以后，洗心革面，脱胎换骨，有的从事农业生产，有的依旧跟随曹操奔赴沙场。

曹操对青州兵的组建，花了不少的心思。他根据当时青州兵的组成结构，做出了划分，挑选出三万精锐将士重组青州兵，剩余的则在家务农，为国家分担粮草的生产。除此之外，曹操还对他们进行了任务的划分，上阵杀敌的将士固然少不了日常的操练，对那些在家务农的同样也有一定的任务分配。曹操向将士传达的命令就是，一心为了国家的发展，为了百姓能够过上富足的生活，征讨乱党必不可少，粮草更是不可或缺。

曹操这一战略指导思想深入军心。曹军中各个将领，都明确知道自己所从事的是一项光荣而又神圣的工作，拯救天下苍生，是每一位英雄都愿意做的事情，也是曹家军必须做的事情。曹操的部下和将士们在这一点上与曹操达成共识，这也是曹操为什么会将青州兵一直带到最后的原因之一。

从青州兵的身上，我们看到了曹操军民同建的用心。如何管理一支队伍，是优秀的领导者必须掌握的一门技术。曹操之所以能够取得成功，很大一部分原因是他对青州兵多加重视和厚爱。

屯田制能够顺利实施，主要靠军民共建。当时实行屯田，曹操以青州兵的战俘为试点，将一些体力不支、无力征战的士兵安置在家中务农，每月按时交粮给国家。随着战事的发展，曹操发现定额缴粮，不仅没有更好地解决军中粮草问题，在一些灾荒的时节，粮食短缺还会成为非常可怕的事情。曹操便号召部分青州兵自己屯备军粮，减轻百姓的负担。青州兵深深体会到了曹操体恤民情，为了不让战事因为粮饷问题受到影响，青州兵积极响应曹操的号召，大力开展军屯工作。

　　一支顽强的部队，必然有其坚不可摧的原因。青州兵在当时被人们称为一支打不散的军队，是在被曹操收编之后的事情。人们都很好奇，为什么原本是一些流亡之人所组成的部队，到了曹操手里，却能变得如此强悍？其实，这正是曹操领兵的过人之处。曹操喜欢以才能来衡量一个人，在曹操眼里，只要能打仗就是英雄。他不计前嫌，让青州兵充分施展他们的实力，为青州兵洗清了之前的种种坏名声。青州兵也因加入曹操的组织，在百姓心中树立了为民除害的好形象。

　　曹操将自己为民除害的思想灌输给了青州兵，使青州兵清楚地意识到，只有正义的部队才会得到百姓的爱戴，受到别人的称赞，这也是青州兵为什么愿意跟随曹操一同闯荡天下的主要原因。荣辱与共，上下齐心，才能稳步发展。**作为一名领导者或管理者，引导员工认知企业文化就如同曹操对待青州兵一样，找准员工最关注的核心问题，将企业的发展文化融入其中，才能使企业走得更加稳健，才不会出现人才流失的局面。**

创业看点

　　曹操是一个智者，他将青州兵管理得井井有条，让一支原本不可能成事的军队，成了一支威武之师。由此可以看出曹操过人的领导智慧和管理才能。俗话说，没有不成才的下属，只有不会引导的领导，而曹操则是一个可以创造奇迹的领袖。

管理

创新

废除口赋等——企业应注重体制创新

制度是一个国家和企业发展的必要保障之一，然而人们在制定制度的同时，也在不断地更改制度，以便于更加人性化地管理。曹操对待制度的管理有着与他人不一样的地方，他认为唯有创新才能推动发展，才能更加进步。

公元196年间，曹操制定了"奉天子以令不臣，修耕植以畜军资"的方针，推动了农业的发展，为国库的粮食储备做出了很大的贡献。就"修耕植以畜军资"方面来说，在以前的制度当中是没有的，曹操开创了军民共畜军资的先河。

建安时期曹魏的屯田极其成功。曹操通过利用士兵和农民垦种荒地，以取得军队给养和税粮。其中，所交的税粮又分为军屯、民屯和商屯三种。商屯也就是指盐屯，是指盐商为了便于在边境地区纳粮换盐而办的屯垦。而民屯和军屯则是狭义上的屯田。曹操的"修耕植以畜军资"的做法便在屯田制上得以体现。

曹操通过屯田制度的创新，在"挟天子以令诸侯"以后，不仅掌控了军事和政治方面的实权，在恢复和发展农业生产方面也做出了巨大的贡献。除此之外，他还废除了两汉租赋制度，减少了商贾压榨剥削农民的机会，有益于农桑产业的蓬勃发展。

东汉后期，原本是以三十税一减百分税一，相当于免除了地主的田租，曹操将其改为每亩地纳田租四升，每户出绢二匹，绵二斤，其他无额外租赋。同时，他还严禁地主间强强联合，强逼贫农代出租赋。此外，曹操还特意提出废除人头税，即算赋和口赋，特别是在废除口赋时，曹操尤为强调。

据有关资料记载，口赋是汉代政府向十四岁及以下儿童征收的人头税，也称口钱、口贱钱。西汉初年征收额是每人二十钱，起征的年龄是七岁，到汉武帝时提前到三岁起征。汉元帝时，贡禹上书，请求把起纳年龄再推迟到七岁，被采纳。

口赋很少有减免的时候，东汉末年军阀混战，制度混乱，不少官员打着口赋的名义向1岁的婴儿开始征收人头税。《零陵先贤传》中这样说道，"汉末产子一岁则出口钱，民多不举产"。当时，口赋和算赋都是朝廷一大人头税收之一，但由于割据的形势严峻，百姓疾苦不堪，再增收人头税的话，无疑会加重百姓的担子，曹操正是看到了这一点，便大力提倡废除口赋。

我们看到，曹操对管理体制做出了大胆的创新。无论是实施屯田制，还是废除算赋和口赋，曹操都是根据当时的实际情况，加以定夺。曹操这一大胆的革新，推动了农桑业的发展，减轻了百姓的负担，同时笼络了人心，为自己施展抱负做了铺垫。

屯田创新，使事业向前迈了一大步。曹操实施屯田，实际上是为了自己征讨时的粮草所需。为避免粮草短缺，曹操想出了这样一个既不妨碍农户耕种又不耽误缴粮的办法，解决了军民粮食短缺的一大难题。在算赋和口赋方面，在收成较好的时候百姓尚且上缴困难，所以在军阀混战、动荡不堪的年代，适当地减轻百姓的负担，才能留住百姓的心。

建安元年（公元196年），曹操在许都（今河南许县）附近进行屯田。屯田的土地是无主和荒芜的土地。当年屯田收获谷物百万斛，缓解了社会矛盾。据《三国志·魏书·武帝纪》注引《魏书》中记载，"于是州郡列置田官，所在积谷，征伐四方，无运粮之劳，遂兼并群贼，克平天下"。

曹操废除不合理的制度，废除一些老旧的规矩，使当时的农业和经济很快地得到了复苏，百姓也因此得到了更加安定和有保障的生活。曹操还特别严令，不准地主压榨百姓，并禁止豪强逼迫下贫弱户代出租赋，为贫农提供了相对稳定的生活保障。

东汉末年，战争连年不断，社会生产力极速下降，百姓疾苦，曹操通过对制度管理的创新，解决了当时存在的种种问题。现今的企业，也常常会碰到这样或那样的问题，没有一套专门的实施办法是肯定不行的。

对于一个企业而言，制度的完善是必不可少的；同时，对于一些不合适的规定也应根据实际情况加以修改。事实上，一切事物都是随着不断变化而逐渐完善起来的。管理制度也一样，若总是按着老办法生搬硬套，肯定会走进死巷子。

创业看点

作为一名管理者，唯有创新才能有更大的突破，唯有大胆革新，才能推动企业的发展。曹操就是这样做的，他不仅开创了历史上军民屯田的先河，而且是历史上敢于废除旧制度的领袖人物。

法家用才论——打破传统的用人理念

法家是先秦诸子中对法律最为重视的一个派系。在法家学派的思想中，韩非子曾经说过："明主之吏，宰相必起于州部，猛将必发于卒伍。"这一点在曹操的用人管理方面颇有体现。

乐进、于禁是曹操在卒伍之中一手提拔上来的人才。他们胆识过人，跟随曹操多年，南征北讨，战功无数。无论是在其他大小战役，还是在官渡之战，乐进和于禁都是曹操尤为看好的两个人。曹操不直接提拔两个人的官职，而是通过一次又一次的立功对两人封赏，激励二人的斗志，发挥他们更大的潜能。曹操这样做收到了效果，乐进和于禁最终成了曹军中不可或缺的重要将领。

曹操用人常常会出人意料，其不拘一格降人才的作风，也与法家用才论相吻合。张辽、徐晃都曾是对手的部下，但曹操对待人才向来是用人不疑，疑人不用。张辽曾跟随过丁原、董卓和吕布，最后归顺于曹操。就张辽来看，前后投靠过四名主公，最后却誓死效忠于曹操，可见曹操在用人管理方面是取之有道、用之有方的。

再看徐晃，他曾经是杨奉帐下骑都尉。曹操打败杨奉后便将徐晃留在了自己身边。曹操对待徐晃是如此信任，徐晃也自知当尽心对待曹操。徐晃在曹操手下所立功勋无数，曾参与了官渡、赤壁、关中征伐、汉中征伐等几次重大战役。在樊城之战中徐晃的表现最为突出，在这场战役中，徐晃治军严整。曹操称赞徐晃"有周亚夫之风"。

曹操唯才是举，对待人才就事论事，该表扬的表扬，该奖赏的也毫不吝啬。由此可见，曹操在用人管理方面有着自己的独特的方法。在曹操的求贤令中，他指明了自己的求才方向，表明了自己对人才的渴求，同时也体现了他运用法家思想来管理人才的策略。曹操的求贤令发出以后，引起了各界人士的关注，这与传统的儒家用人思想是有出入的。但曹操认为，治理国家和管理人才，唯有以法家用人论，才能从根本上留住可用之才。

由此可见，曹操用人讲求以客观事实为依据，实事求是地寻求和发展人才，将法家用人论贯穿其中，形成了自己独有的一套用才策略。

曹操相信只要有才，就有可用之处。在曹操的求贤令中，曹操不问出身贵贱，不问相貌，不计前嫌，只求人才有着一技之长，能够为自己赢得更多的利益。曹操的"唯才是举"并不是不注重人才的品行，实际上，曹操是想通过这一点来打破陈腐的门第观念，吸引更多的人才。

有赏有罚，论功行赏，刺激人才成长。曹操在《庚申令》中说："治平尚德行，有事赏功能。"可见，他认为重德与重才须因时而异。当打天下时，为了减少反对力量，壮大自己的阵营，对于才智之士，需要努力搜罗，所谓"文武并用，英雄

毕力"。这一点与韩非子的法家思想也有相似之处。韩非子曾说过："凡治天下必因人情。人情者有好恶，故赏罚可用；赏罚可用则禁令可立，而治道具矣。"

颁布法令，严于律己，宽以待人。这是曹操在法家用人思想上的又一表现。韩非子曾说过："法者，编著之图籍，设之于官府，而布之于百姓者也；法者，宪令著于官府，刑罚必于民心，赏存乎慎法，而罚加乎奸令者也；明主使其群臣，不游意于法之外，不为惠于法之内，动无非法。"曹操在制定屯田制度的时候，从上到下设立大小官员不等，为的就是辅助群众共同开展农业工作；废除人头税，是体恤民力，为民解忧；在室宗触犯法令的时候，曹操不讲私情，讲求在法令面前人人平等，以示众人；在对待贤才的时候，他以法治人，以理服人。

当今企业，有不少注重以法家思想管理公司的领导。但大多都是法与术相分离，有了制度却缺少执行力度和管理办法，最终在管理方面没有任何的起色。法家思想讲求法与术相结合，即韩非子所说："抱法处势则治，背法去势则乱；势者君之马也，无术以御之，身虽劳犹不免乱，有术以御之，身处佚乐之地，又致帝王之功也。"这里的法与术指的就是法令和权术管理办法。

创业看点

曹操在管理人才的时候，有自己相应的管理制度。他打破了传统用人的理念，讲求以法用人，以法治人，使人才心服口服，心甘情愿地为其效力。

书写军谯令——创新人才激励机制

曹操的文采在当时是非常有名的，他曾以一篇假的檄文号令天下群雄共伐董卓，又三下求贤令，表达自己的求才若渴之心，可见曹操在文学方面的功力不亚于在战场上的领导才能。《军谯令》是曹操在管理人才方面的又一大作，在这篇文章中，曹操巧妙地激励了人才的上进心，使人才最大限度地发挥了自己的才能，同时帮助他完成更大的事业和抱负。

据《三国志·魏志·武帝纪》记载，建安七年，曹操在打败袁绍、刘备以后，驻军沛国谯县，下达了这道《军谯令》。令中这样说道："吾起义兵，为天下除暴乱。旧土人民，死丧略尽，国中终日行，不见所识，使吾凄怆伤怀。其举义兵已来，将士绝无后者。求其亲戚以后之，授土田，官给耕牛，置学师以教之。为存者立庙，使祀其先人。魂而有灵，吾百年之后何恨哉！"

其中大致的意思是这样的：我自高举义旗讨伐天下乱党以来，看见百姓们因为战乱，民不聊生，居无定所，心中非常难过，对受难的百姓给予关切之情。自起兵讨伐乱党以来，死伤的将士无数，凡是过世的将士家中无人安葬者，都请求将士的亲戚帮忙安葬，并授予田地、耕牛，对于幸存的将士，祭祀他们的前辈。我认为每个人都有灵魂，所做的这一切就算是再过个百年，也无怨无悔。

曹操自创业以来，一路奔波，家乡的子弟兵到陈留跟随他共同起义，几经磨难，死伤无数。每到生死关头，总有一批批的生力军开出谯县，帮助他重整旗鼓，东山再起。曹操趁着年初不利外出征战，借机回乡慰问乡亲，以勉故人，很大程度上激励了将士们的士气，稳固了军心，使将士们更愿意为他效命。将士们也认为，像曹操这般体恤百姓的主公，在他手底下做事，再苦再累也是值得的。

由此可见，曹操通过书写一篇不足一百字的《军谯令》，笼络了将士和百姓的心。在当时的管理者当中，借助文章来感化将士的并不多见，也正因如此，曹操这一新奇的举动，不仅为自己树立了一个爱戴百姓、体恤士卒的模范领导形象，还让日后奔赴战场的士兵们吃下了定心丸，使他们更愿意为曹操尽心尽力。

激励人才，除了赏罚，更要注重安抚。曹操长年在外征战，靠的不仅仅是自己的领导才能，更多的是他的管理之道。他知道，对待人才，除了褒奖以外，还有更重要的东西，那就是如何对待已故将士的亡灵。将士们奔赴战场，虽早已将生死置之度外，但对自己的家乡仍抱有一丝牵挂，曹操正是看到了这一点，才书写了《军谯令》，让众将士们知道，就算是战死沙场，也是光荣的。

奖励死去的人，更能激励活着的人。《军谯令》使将士们意识到，在贤德的主公手下做事，死也是值得的。曹操虽是一个奸雄，但对待人才礼数有加，抛开他的用心不说，单看他能够说出这些关心百姓和将士们的话，便知道曹操有心关注百姓和将士的生活。这一点，在百姓和将士们的心中是极其重要的。

质朴至真的言语，更能打动人心。曹操仅用一篇不到一百字的《军谯令》就收复了大批人才的心，其中并没有运用什么华丽的词句，相反是以质朴至真的言语，表达了曹操体恤百姓的深情和对将士的厚爱。一句"国中终日行，不见所识"言简意深。这毫无雕琢的几个字，足够令人惊心动魄、荡气回肠。令中另一句"魂而有知，吾百年之后何恨哉"，则更真挚地抒发了曹操的情意。

曹操激励人才的办法有很多，而通过文章来激励人才的做法在历史上还是少有的。**作为领导者要有创新意识，在管理人才方面更要多下工夫，适当地对员工进行表彰，不仅有助于提高员工的积极性，更能激发其他员工的上进心。**

曹操会对不同的人、不同的情况采取不同的奖励方式进行激励。他在总结统兵治国实践经验的基础上，提出并实行了一系列行之有效的人性化激励方式。他说："褒亡为存，厚往劝来也。"奖励死者是为了鼓励活人，厚赏前人是为了激励后人，这点至今仍值得我们学习。对于企业管理者而言，更是大有裨益。

创业看点

　　曹操能平定战乱、清除割据，靠的就是一支纪律严明、战斗力强的军队。一篇短短的《军谯令》，在收揽军心、壮大军威方面发挥了不可低估的作用，这正是曹操在管理人才方面的又一创新。

·第四节·

厚赏谏阻者——鼓励员工积极提反对意见

　　从曹操三下求贤令中可以看出，他是一个十分开放的君王。敢于创新是他在管理方面的一大特点。俗话说"顺我者昌，逆我者亡"，但是在曹操眼里，更看重的是大臣们心中的真实想法，让他们发自内心地进行评述。他倡导各抒己见、言论自由。

　　据《三国志》记载，建安十一年（公元206年），曹操将北征三郡乌桓的时候，一些将士们说："今深入征之，刘备必说刘表以袭许，万一为变，事不可悔。"曹操胜利归来后，对谏阻自己的诸将，不但不加以训斥，反而给以厚赏，对他们说："孤前行乘危以徼幸，虽得之，天所佐也。故不可以为常。诸君之谏，万安之计，是以相赏，后勿难言之。"故事的大概过程是这样的：

　　战前，曹操兴致勃勃地召集将领商讨行动计划，不料有不少人反对说："袁氏兄弟如同丧家之犬，成不了大气候。我们现在劳师动众，远出塞北，绝非上策。荆州刘表拥有重兵踞守江汉要地，又有足智多谋的刘备帮助，一旦刘备怂恿他们乘我们北上之机，袭击我们的大本营，我们就会首尾不能相顾，岂不有螳螂捕蝉、黄雀在后之忧吗？"

　　众人中只有谋士郭嘉支持曹操出兵。曹操最后采纳了郭嘉的建议，下令部队北征。曹军历经千辛万苦、长途跋涉，途中无路，要开山劈岭方能通行；粮食接济不上，只得杀马为食。其间又有200里无水，要掘地才能得泉。到了乌桓后，曹军耗费巨大，但最终还是杀了二袁，完成了曹操根绝后患的夙愿。

　　曹操怀着喜悦的心情，准备庆贺胜利，论功行赏，并令人登记出兵前谏阻北征乌桓的名单。这下子可把那些当初谏阻的将领吓坏了，一个个心中忐忑不安，等着受责。可是曹操却和颜悦色，并语重心长地说："这次出兵虽然一举成功，却不能以正常的情况去看待。为了解决军中粮食供应问题，被迫杀掉了数千匹战马，实在是冒险侥幸取胜啊！诸位谏阻北征，确是万全之策，所以理当受赏。诸位以后有什么建议，尽管明言，不必多虑。"众将听后，喜出望外，对曹操更加心悦诚服。

曹操胜利凯旋，不仅没有对当时谏阻自己的大臣加以处罚，反而对他们进行奖赏，为的就是要让下臣们知道，只要敢于提出自己的观点，不论对错与否，都是值得表扬的。这不仅激励了将士们参与战事的激情，也体现了曹操心胸宽广的一面。

重赏提出意见的人，激励下属踊跃发言。曹操之所以不怪

罪那些谏阻他的人，为的就是要激励下属能够多提建议，多发表自己的看法，只有这样才能进步。如果只是一味地附和领导的意见，没有自己的见解，盲目跟风，不仅对战事没有任何好处，反而会形成一种阿谀奉承的不良习气，久而久之会滋生一种惰性，到那个时候恐怕是亡羊补牢，为时晚矣。

曹操注重提出建议的人，同时在面对错误的意见时，也加以勉励。如果曹操在大臣们谏阻的时候，大加责罚，会使下属们认为曹操是个心胸狭窄之人，听不进他人说自己的不是，久而久之，就没有人愿意提出自己真实的想法，这对曹操而言是非常不利的。

善于倾听，有益于让他人更愿意进谏。曹操通过厚赏谏阻之人告诉下属，敢于谏阻是好事，正确的接纳，错误的说明其缘由便可，没有必要进行责罚。曹操大胜归来，对谏阻的大臣们只是说这次的胜利是自己运气好，其实大臣们心里清楚，是自己考虑问题不够周全，看待事物分析得不够透彻，幸亏谏阻没有成功，不然就会坏了主公的好事。

虚心向他人请教，才能得到进步。无论对方提出的观点是否可用，他们的出发点都是好的，唯有善于倾听的人，才能赢得人心，实现梦想。曹操就是这样一个人。有调查显示，近八成的管理者不善于倾听，缺乏有效倾听可能导致错误的决策和盲目的行动，这对企业而言是相当不利的。**企业要发展，管理非常重要，作为管理者更要激发员工敢于直言的热情，调动员工的积极性。**作为管理者，应该多听听与自己不同的声音，多看看别人是怎么想的，只有这样才能搭建良好的沟通平台，使企业更好地发展。

曹操重赏谏阻之人不仅彰显了他海纳百川的气度，而且激发了人才敢于直言的激情，在日后军事讨论时，就不愁找不到方法和策略。曹操独特的管理风格，为自己书写了不一样的人生，成为我们后人学习的楷模。

第八章

管理创新

木雕鲍信像——老总要善于笼络人心

　　曹操的攻心策略是出了名的，在管理方面，曹操非常善于笼络人心。除了书写一些文章来激发员工的战斗激情以外，曹操还为自己树立一个老好人的形象，用一颗纯洁的心来感化自己的将士们。鲍信是曹操最得力的部下之一，他的死令曹操十分痛惜，为了缅怀鲍信，曹操命人用木头雕了一座鲍信的像，以为后人瞻仰。

　　鲍信是泰山平阳（今山东新泰）人。东汉末年济北相，是讨伐董卓的诸路人马之一。鲍信受何进征召在外募兵，回到洛阳时适逢董卓进京，鲍信劝袁绍除掉董卓，袁绍不同意。后袁绍、曹操等人起兵对抗董卓，鲍信起兵响应。后联盟破裂，鲍信劝谏曹操静观其变。兖州爆发农民起义，刺史刘岱不听鲍信的劝说贸然出战，兵败战死。鲍信把曹操迎为兖州牧。在镇压农民起义期间，鲍信为救曹操不幸战死，曹操后来追记功绩，赐封其子。

　　青州黄巾军攻打兖州，兖州刺史刘岱打算派兵迎击，鲍信劝阻说："现在敌人众多，百姓恐惧不安，士兵毫无斗志，显然我军不能马上和敌人相抗。据我观察，敌军家属很多，军中粮草物资极为缺乏，靠抢掠维持给养。如今对策，与其贸然出击，不如让部队养精蓄锐，先采取坚守，敌军无法求战，强攻又徒增伤亡，等其气势低落，我们再派精锐出击，就能打败他们了。"刘岱不采纳鲍信的意见，结果兵败被杀。

曹操部将陈宫听说刘岱战死，向曹操提议自己前往劝说兖州别驾、治中拥立曹操为兖州牧。后陈宫到达州府协商后，鲍信便与州吏万潜等人到达东郡迎接曹操担任兖州牧。

曹操认为黄巾军得胜后骄傲轻敌，于是设奇兵在寿张迎击黄巾军，曹操与鲍信先到达战场，而步兵未到。这时候敌人已经遇见曹操，于是开战。鲍信拼死救出曹操，但他自己被敌人杀害。后来大军赶到，勉强打败黄巾军。曹操悬赏寻找鲍信的遗体，没有找到，大家于是用木头刻出鲍信的模样，曹操洒泪祭之。

曹操对鲍信的死是非常痛心的，他通过木雕鲍信像，不仅成功地笼络了人心，还使自己的军队迅速得到了扩充，军队气势大增。

增强下属的信心，才能重整旗鼓，重展雄风。曹操讨伐黄巾军痛失了鲍信，战事不顺，一时间军心动摇。曹操知道，军心是军队的魂，如果魂不守舍，肯定会在战场上吃亏。为了增强将士们的信心，曹操用木雕的鲍信像来告诉将士们，要打起十二分的精神，为战死沙场的将士们出头，还百姓一片安宁的净土。

笼络人心，凝聚一切可以使军队团结的力量。曹操这次铤而走险，要不是鲍信以死相求，恐怕自己的小命就不保了。对于鲍信的死将士们都看在眼里，曹操也认真地进行了自我反思，虽然之前赢过几场漂亮的胜战，但就自己军队的实力，在当时而言还是有点不足，战场上死伤无数，老将倒下，新将替补，作战经验不足，吃败仗的几率就会比别人高很多，唯一的办法就是将所有的实力拧成一团，将人聚拢到一块儿，才能攻无不克，战无不胜。

逝者已故，活者更应自勉。鲍信的尸首找不到了，在将士们看来，鲍信的死如同一面镜子，似乎看到了战场上的自己，如果有一天战死在了沙场上，也希望自己的首领能够像对待亲人一样为自己立碑塑像。将士们看到曹操对待鲍信的死，便更相信曹操是个仁义之君，跟着他做事，哪怕是死，也是值得的。曹操立鲍信像的用意正是要打动幸存将士的心，激励他们要团结奋进、勇往直前。

曹操是笼络人心的高手，没用过多的言语，仅用一尊木制的雕像，便将大家的心聚到了自己的手中，任凭调遣，我们不得不佩服曹操的管理才能之高。

当今企业中，领导也要善于笼络人心，以员工的需求为切入点，多关注员工的生活，多与员工进行沟通，掌握和了解员工真正想要的是什么，同时，明确了解企业缺少的是什么，将二者结合起来，创造出自己的一套管理办法。这样，才能从刻板的管理中创出新的奇迹，为企业吸引更多的人才，把企业越办越好。

创业看点

失败并不可怕，可怕的是一蹶不振，无力反击。曹操正是意识到了这一点，才做出了木雕鲍信像的举动。他通过对将士们行为的观察，发现战败后将士们的士气非常低落，便以鲍信雕像为诱饵，让将士们重塑信心，重振军威。

·第六节·

红白脸相间——高管不可以和下属走得太近

曹操被后人称为"奸雄"，其表现就在于曹操对待下属时，红白脸相间，软硬兼施，打造出一种与众不同的管理风格。"奸"和"雄"这两个字从字面上来说，代表着两个不同的立场。"奸"字表现在唱白脸的时候，曹操表面上不表露自己的想法，暗地里有着自己的一套思路的行为；而"雄"又指的是曹操该显示出自己霸气的时候，该唱红脸的时候他绝不示弱，一展君王之风。

用"奸雄"二字来形容曹操，可以说再合适不过了。既能唱红脸，又能唱白脸的曹操，正是通过这种软硬兼施的手法，一步一步地走向了成功。

曹操用人常常是出其不意，在对待不同的人才时，有着不同的态度。张绣对曹操有着"深仇大恨"，两人水火不容，可是，曹操一听张绣来归，便马上握手言欢，对张绣加官晋爵；许攸是一个贪财的小人，他贪婪狂妄成性，可曹操听到他来投奔的消息时，马上赤脚出迎；陈琳在归顺曹操之前，经常在文章中对曹操用恶毒的言语攻击，而曹操却因爱其才，竟毫不计

· 213 ·

较，坦然开释，与陈琳笑脸相对。

从这些人身上，我们看到了曹操宽阔的心胸，同时，也看到了曹操白脸功夫之深厚，城府之深。作为领导者，曹操的白脸算是唱绝了，无论是对自己曾经有偏见的陈琳，还是有着人品问题的许攸，甚至是与自己曾经是敌对关系的张绣，曹操都是通过唱白脸的方式，化敌为友，以和为善。这充分体现了曹操软实力的雄厚。同时，曹操还以白脸的方式，笼络了更多将士的心，拉近了自己与下属之间的距离，亲人才，重人才，成了曹操在众将士心中的第一印象。

当然，曹操作为一名高管人员，在下属面前，除了有白脸功夫，还时常地扮演红脸的角色，树立自己的威信。

曹操曾说过这样一句话："宁可我负天下人，休叫天下人负我。"从这一句话中，可以看出曹操在对待一些事物上，有着自己独立的思考办法，同时喻示着他的威信不可侵犯。曹操是一个相当自信的人，他宁可自己负了天下人，也不想天下的人负了自己，这一点体现出他不希望自己的一举一动和思想让人们看得太过透彻。曹操虽喜爱人才，爱亲近人才，但却时刻提醒着自己，不能被人才所左右。这一点在杨修身上颇有体现。

杨修的小聪明是令曹操欣赏的，但他的狂妄自傲却令曹操不得不杀一儆百。杨修曾经将曹操"一合酥"破译成"一人一口酥"，他将整盒酥分给将士们同食，这一点足以体现杨修的小聪明。但是，杨修的小聪明并没有用到曹操的军事和管理方面，更多的是对曹操心思的琢磨，这令曹操非常反感。

作为领导者的曹操，虽然喜欢亲近人才，与人才打成一片，但他会时刻保持清醒的头脑，要在下属面前树立自己的威信，这样才能让他人更尊重自己。杨修对曹操的心思过于了解，最终引来了杀身之祸。曹操借一次"鸡肋"事件，给杨修安了个惑乱军心的罪名，斩首示众。

由此可见，曹操对待人才方面，张弛有度，该唱白脸的时候唱白脸，该变红脸的时候也决不含糊。杨修的死，可以重塑曹操的威信，对张绣、许攸、陈琳等人笑脸相迎，则彰显了曹操的爱才之心、宽仁之意。曹操的成功，与他在管理中运用红白脸相间的办法是有一定关系的。作为一名领导者，宽度和狠度都要做得到位，也就是所说的"奸"和"雄"要摆放得当，这样红白脸相间的办法才能够活用。曹操在管理时妙趣横生，既得人心，又不失领导的威信，其中不乏红白脸的作用。

树立领导者的威信是一门管理技术活，它是一种能够使人产生神秘感的东西。威信越高，越能迅速提高管理的有效性，反之，则会大大损坏管理者的形象，削弱管理的力度，最终走向失败。现代企业里，有的管理者在组织一些活动时，下面的人反应不大。甚至领导者说让这样做，而下面的人却还是自己忙自己的，这就是因为管理者在下属心中出现了严重的威信失调。这时，管理者应该拿起管理的权力，通过运用红白脸相间的办法，将威信重新树立起来，该宽的地方要宽，该硬的地方要硬。

创业看点

曹操曾说过这样一句话："吾任天下之智力，以道御之，无所不可。"说的便是管理者要以人为本，以情感人，以理服人，做到软硬兼施，才能做好管理工作。曹操的成功正是在于对威信拿捏得当。

·第七节·

灭门阀制度——建立公平竞争平台

俗话说："龙生龙，凤生凤，老鼠的儿子会打洞。"而这句话在管理层面并不适用。曹操一直坚信有才之人才是决胜的关键，那些门第之见、世家之说，只是徒有虚名。正是因为曹操对于人才管理和治国之道有其独到之处，才使他在乱世之中实现了自己一统北方大业的理想抱负。

三国时期，有着"四世三公"之称的袁氏家族就是门阀的代表。据《三国志·魏志·袁绍传》记载，汉代袁安在汉章帝刘炟时为司徒，儿子袁敞为司空，孙子袁汤为太尉，曾孙袁逢为司空，袁隗为太傅，四世居三公位，人称"四世三公"。

袁绍的家族里，有四代人连续地担任了"三公"的职务，自高祖父、曾祖父、祖父及其父共四世，担任过司徒、司空、太尉等职位。因此，在袁绍的思想里面门阀观念非常严重，乃至他的用人治国思想也深受门阀制度的影响，最终被曹操打败。

而曹操则不然，曹操虽出身"太子党"，但他从不因自己出身名门贵族而对人另眼相看，他并不期求这种徒有虚表的高贵身份，而更注重实权管理和人才战略。在《让县自明本志令》里，他只要求死后在墓碑上刻上"汉故征西将军曹侯之墓"就行了。虽然曹操曾以谋略把自己的女儿嫁给了汉帝，当上了皇帝的岳父大人，但他从来没有为此而炫耀过自己的显赫地位。

曹操为人非常低调，不愿以门阀的思想来面对世人，他更愿意以一种公平的方式与下属们相处。这在曹操的求才思想里面，已经表达得非常明确，几次颁发的求贤令中也显露出了他对待人才的观点。那些所谓官宦世家，在曹操这里，都不过是过眼云烟。

曹操20岁的时候被举为孝廉，担任洛阳北部尉一职。官并不大，但曹操处事上过人的胆识，不忌讳门阀观念的思想，在这个时候也略有表现。据《三国志》记载："初入尉廨，善治四门。造五色棒，悬门左右各十余枚，有犯禁者，不避豪强，皆棒杀之。后数月，灵帝爱幸小黄门蹇硕叔父夜行，即杀之。京师敛迹，莫敢犯者。"由此可见，年轻时的曹操就对门阀观念有着不同的看法，相信只有处事公平，才能换取他人的信服。

曹操与刘备煮酒论英雄的时候，只将刘备与自己并提为英雄，而对袁绍、袁术、刘表等出身于名门望族的人，根本不放在眼里，这一点，多多少少也反映了曹操对门弟观念有着否定的看法。

曹操求人才，去门阀，为人才搭建公平的竞争平台。在曹操这里，没有门第之见，没有官宦之谈，只要有才就会给你一个施展才华的平台。他一再发出命令，要求各部门不拘一格地擢用人才，哪怕像陈平那样盗嫂受金、信誉不佳的人，像白起那样杀妻求信的人，只要有本事，就要予以重用。他在《取士毋废偏短令》里强调："夫有行之士，未必能进取，进取之士，未必能有行也。""士有偏短，庸可废乎！"他之所以特别强调唯才是用，不讲德，不讲资，也不讲出身和成分，是有他的针对性的。

综上所述，曹操对待门阀制度是非常厌恶的，同时他在选用人才和管理人才方面，也杜绝门阀制度的出现，在他帐下的人才，多半都是相互举荐，从对手当中识得的强将和谋士。这一点，也表现出了曹操在用人管理方面寻求公平的一面。

当今企业管理中，选人用人也应像曹操一样杜绝门第观念，要以才为先，从企业的长远发展去考虑，根据实际情况选用合适的人才。

何计贵贱乎——剔除管理中的家族习气

曹操慧眼识才，唯才是举，对待人才取之有道，用之有方。在管理人才方面，曹操不以世俗眼光看人，凡有功者，都论功行赏，不问贵贱。董卓、袁绍等人在用人管理方面与曹操相比是远远不足的。对待人才不问贵贱，不问出身，这也是曹操能笼络那么多人才的原因之一。

据《三国演义》中记载，当时十八路诸侯会盟共同讨伐董卓，华雄气盛，先后斩了盟军的四名将领，令盟军大失颜面。此时，刘备手下的马弓手关羽自告奋勇说道："小将愿往斩华雄头，献于帐下！"作为盟主，袁绍是官宦世家出身，他自己身上的家族习气也非常严重。关羽出身平常百姓人家，这令袁绍非常瞧不起关羽，便讥讽地说道："使一弓手出战，必被华雄所笑。"

而此时，袁术的表现更为离谱，竟然大声喝道："量一弓手，安敢乱言！与我打出！"这时，站在一边的曹操替关羽说道："此人仪表不俗，华雄安知他是马弓手？"并亲自送上一杯热酒为关羽壮行。没过多久，只见关羽提着华雄的头回来了。张飞大叫何不就此杀入关去活捉董卓？刚打胜仗回来的张飞并没有得到袁氏兄弟的称赞。此时，袁术训斥道："量一县令小卒，安敢在此耀武扬威！都与赶出帐去！"这时，曹操便站了出来说："得功者赏，何计贵贱乎？"

袁氏兄弟对待人才的行为是作为管理者的致命伤。关羽虽出身平常人家，但上阵杀敌的时候，是不分贵贱的。袁氏兄弟因为受到家族习气的影响，不懂得如何对待人才，最终将自己手里的人才拱手交到了竞争对手的手里。

从袁氏兄弟对待人才的态度，可想而知他们必然走向灭亡。而曹操却不一样，曹操以一句"得功者赏，何计贵贱乎？"赢得了更多人才的心。只要是有功之臣就应该论功行赏，没有什么高低贵贱之分，这也是为什么曹操后来能雄霸一方的主要原因。

曹操手下人才众多，管理起来不分职位高低，只要有功就会得到赏识。这不仅调动了下属立功的积极性，同时也吸纳了不少人才的关注，扩充了自己的队伍。典韦曾经是一名在山野中逃亡的杀人犯，而曹操在兖州招贤纳士时，却将其收入了帐内。这要是换成袁氏兄弟，恐怕典韦这辈子也只能背上个杀人犯的名声，但是，幸好他投向了曹操。曹操一见典韦便十分喜爱，并任命他为"帐前都尉"，后又因为典韦屡立战功，曹操封他为"令军都尉"。

许褚本是一个普通的农民，他领导自己的族亲抵御寇乱，曹操被他的勇武精神所感动，最终将其收为己用，官拜"都尉"。在曹操帐下，像这样出身低微的将士非常多见，他们都心甘情愿地为曹操战死沙场，为曹操争夺一片又一片的领土。曹操认为，管理人才，是要正确地引导人才，而不是借助人才的出身和地位来提拔他，应该通过人才的个人能力，最大化地实现人才的价值。

忘"贱"显"贵"才是真正的管理有方。张辽原为吕布手下的一员猛将，后因吕布大败被曹操生擒。曹操掌控着张辽的生死大权，张辽随时都可能被曹操下令杀头。而张辽在生死关头还当众辱骂曹操，换作是袁绍，肯定是要砍掉他脑袋的，但曹操并没有这么做。曹操被张辽的行为所震撼，心想："吕布的手下居然有如此忠贞的部下，此人如果能归顺于我，日后必大有作为！"于是，曹操对张辽"亲释其缚，解衣衣之，延之上坐"，拜为中郎将，赐爵关内侯。

曹操就是这样，看待人才总是以才华为重，不以出身和地位视人，哪怕是一介平民许褚、身为杀人犯的典韦和曾是阶下囚的张辽，曹操都相当重视。作为一名管理者，对人才的重视才是对事业的负责。

创业看点

在管理人才和治国的时候，家族习气是万万不能有的，那些虚名只会害了自己。在曹操眼里，实用才是硬道理，这也是他的手下总能出精兵强将的原因。

公关

管理

把酒洒大地——老板是企业品牌的代言人

曹操讨伐吕布，半路上听说张绣和刘表勾结，威胁到他的大本营，于是掉转方向，进攻宛城。张绣巧设了计谋，利用典韦没有心机的弱点，请典韦到他那里赴宴。典韦只身赴宴，宴会上张绣让部将舞刀作乐，典韦很喜欢这名部将。张绣把他送给了典韦，典韦将其带回了军营。部将按照原先的计划，偷偷将典韦的戟和马都盗回宛城。

然后，张绣带兵冲进淯水大营。典韦找不到自己的戟和马，才知道事情不妙。张绣金枪刺来，典韦就用小兵的身体来挡。最后，典韦还是被张绣刺死。此时，曹军大乱，典韦一死，张绣立刻冲进内帐。曹操穿了女人的衣服，才侥幸逃出。这一仗曹操大败，不仅典韦牺牲，他的子侄也未幸免。

后来，曹操重整军队，卷土重来。当大军行至淯水岸边的时候，曹操让将士们排列整齐，他亲自把酒，祭奠上次南征时在这里阵亡的将士。想到自己的爱将和子侄，以及那些阵亡的将士们，曹操内心深处悲伤难抑，不由得潸然泪下。他毕恭毕敬地站立,将酒洒向淯水河边的大地。部下们看在眼里,感动在心,三军肃穆,复仇之火顿腾于胸。这时候,大家最希望的就是为死去的将士们报仇,内心激发出强烈的求战欲望。

曹操如此祭奠死去的将士,绝不是作秀给大家看,而是发自内心的。子侄均丧于此,自己非常器重的典韦也魂留宛城,加上无数追随自己的将士也死在这里,想到这些,他内心愧疚不已。他用这种方式来表达自己的真实情感,同时告诉将士们他们并不是自己手中的棋子,而是自己的兄弟。这也激起了将士们的同仇敌忾之情。

此时许褚刚刚投奔曹操,他从兵士们那里了解到了这些情况。当他亲眼看到曹操如此重情重义,暗自庆幸自己跟对了人,他的内心热血沸腾,希望自己能够为他们报仇,以报答曹操的知遇之恩。

曹操此举既得到了军心,也激发大家的求战欲望,起到了大战前的动员作用。曹操懂得笼络人心,知道如何能更好地让将士们团结一心,誓死效命,从而获得战争的胜利。从这一点上来说,曹操的这种做法起到了很好的作用。

曹操此举增强了团队的凝聚力和向心力。看到曹操如此重情义,将士们都很感动,觉得跟随他是值得的,愿意为他卖命。大家都有一个共同的目标,团结杀敌,为死去的兄弟报仇。

在现代企业中,老板就是一个企业的灵魂,是企业品牌的代言人。老板的做法在很大程度上会决定一个企业的发展。因此,成功的老板都很注重自己的带动作用,会通过自己的行动去感染员工,带领着大家共同努力,促进企业的发展。

在生活中,我们看到很多老板都是公关高手,是自己企业

的代言人和宣传者，并且通过自己的努力，不断激发员工的工作热情，从而带领员工不断进步，共同促进企业的发展。也只有这样的老板，才能最终取得成功。

老板作为企业的领导者，就是企业的代言人，对一个企业有着巨大的影响力。老板的决策对企业发展具有举足轻重的作用，因此老板作决策要慎重。如果老板判断失误，作出的决策肯定是不利于企业发展的，甚至可能给企业带来灾难性的后果，最终企业会被淘汰。

创业看点

曹操是曹氏集团的领导者和代言人，他的做法会影响到下属。做得好了，能够激发下属的斗志；做得不好，可能会让下属失去信心。他把酒洒向大地，祭奠逝去的将士，表达对他们的思念，使得下属感受到了他的重情重义，愿意继续追随他，同时激发了下属的斗志。这是一个很成功的公关范例。

多亲近名士——个人形象
要随着企业发展而提升

曹操是个很有心计的人，年轻的时候就喜欢与名士交往，希望以此提升自己的形象和影响力。但是，他和一般人又不一样，他对年轻的名士采取与之结交为朋友的策略，而对一些年长的名士则低下头向他们求教。这样有利于争取名士对自己的了解和帮助，借以提高自己的名声，扩大自己的影响。

颍川李瓒做过东平国相，曹操同他交往，彼此了解很深。李瓒非常赞赏曹操的才能，临终时对儿子李宣说："国家将要大乱，天下英雄没有一个人能超过曹操的，一定要去投靠曹操。"后来他的几个儿子遵从父命，投奔曹操，在乱世中保全了性命。

南阳何颙，年轻时游学洛阳，与郭泰、贾彪等太学生首领交好，很有名气。后来，他与陈蕃、李膺交往，彼此都很欣赏。陈善、李膺被宦官杀害后，何颙也受了牵连，更改姓名逃到汝南躲了起来。曹操并不避讳，仍同何颙交往，谈孔学，论百家，说《诗经》，讲兵法，很是投机。何颙私下对别人说：

"现今天下大乱，能够安天下的，必定是曹操。"曹操听到后，觉得能得到这么高的评价，很高兴。

通过不断地结交名士，曹操在士人中的名声大了起来。但他并不满足，想谋求更大的名声。在当时的诸多名士中，许劭是一个非常有影响力的人物，如能得到他的好评，就能够身价倍增，对自己很有好处。于是，曹操想尽办法结交他，希望得到他的好评。

曹操为了取得许劭的好评，先去拜访桥玄。曹操慕名前往，桥玄与曹操交谈后，感到他很不平常，觉得只有他能够安定天下。他也建议曹操去结交许劭，并且写了一封推荐信。曹操得到推荐信以后，就带着厚礼去见许劭，希望能够得到许劭的赞誉，提升自己的名气。

许劭也觉得曹操与众不同，但是他对曹操手下的一些行为看不惯，因此拒不作答。曹操却很执著，不肯离开，坚持自己的要求，一定要许劭对自己作出评价。许劭只好对他说："你是一个太平时代的能臣，动乱时代的奸雄。"曹操听了后非常开心，大笑着离去了。

曹操通过与名士结交，展现了自己的优点，得到了他们的赞同和认可，使得自己的形象和影响力有了很大的提升。当自己有威望的时候，他并没有满足，而是更加谦卑和努力，希望得到更有名望的名士的肯定。他是这么做的，也做得很好，这对他个人的发展很有帮助。

同时，曹操还爱惜人才，通过与名士交往，他得到了很多有才能的人的肯定，让他们愿意追随他，成为他手下的谋臣和幕僚，这对曹操的发展也是很有帮助的。正是有了这些慕名而来的人才的贡献，曹操的队伍才不断发展壮大。

在现在的市场中，一个企业要想有所发展，就要努力树立自己的良好信誉和企业形象。只有得到了消费者的认可，企业才能够发展得更好。而老板作为企业的领导者，也要树立自己的形象，并且要使自己的形象和素质随企业的发展而提升，只有这样才能更好地领导企业，获得认可，让企业不断发展壮大，在市场竞争中站稳脚跟，继而获得更好的发展。

现实生活中，我们看到很多企业做得很好，但是并没有注重自身形象，这样对企业发展是不利的。更有甚者，很多老板把企业做大了，良心却变了，不再为员工着想，一心想着怎么榨取更多的利润。这样的企业是经不起市场的选择的，终将被淘汰。

也有很多老板意识到了这个问题，于是很重视提升自己的个人形象。他们不仅对外展示自己的良好风貌，让别人看到自己公司的发展前景，对内也爱护员工，在公司发展的同时，让员工享受到公司发展的成果，这样可以增强他们对公司的认同感，激发他们的干劲和热情，使他们更加努力地工作，为公司创造更多的价值。

创业看点

曹操很聪明，通过结交名士来提升自己的名气，取得了很好的效果。他也得到了名士的肯定，在他后来的发展中，很多名士慕名来投，为他的发展提供了很大的帮助，作出了很多的贡献。

打击宦官派——以正气赢得客户口碑

曹操的爷爷是大宦官曹腾，可以说曹操是宦官家庭出身。然而，他从小就希望能够凭借自己的能力获得相应的成功，而不是依靠家世。他被举为孝廉以后，知道自己并不是什么名士，并希望以后能够做到郡守，以此来展示自己的才能，建立自己的名誉和形象，得到当时社会的认可。由此可以看出，曹操很早就在思想上脱离了宦官派。

当时宦官权力很大，他们的门人和亲属都倚仗权势，为非作歹，然而却没有人能管住他们，这让曹操很气愤。他痛恨宦官派，并且身体力行地打击宦官派。

曹操担任洛阳北部都尉后，决心通过改革为百姓除害，干出一番事业，树立自己的名望。他上任的第一天，就粉刷了年久失修的都尉衙门，并颁布了夜禁令。

对于曹操上任后所做的事情，街头巷尾议论纷纷。百姓们都希望真的有人能够为他们着想，但是又不抱太大希望。那些作恶多端的豪门贵戚，根本不把曹操放在眼里，他们无视夜禁令，照样胡作非为。

禁令颁布好几天了，仍不见好转，人们开始有些心凉了。曹操手下的衙役们，遇到豪强子弟为非作歹，也是瞒着曹操不敢禀告。一天，曹操决定亲自夜巡。他带兵丁走着走着，忽见一个老头带着两名家丁走过。老头在一家民房跟前站住了，只见家丁猛地一脚踢开大门，老头和家丁一拥而进。

过了一会儿，屋里传来妇女的哭喊声。曹操非常气愤，他知道发生了什么事情，下令把那人抓来。一会儿，一位兵丁回来告诉曹操那位老爷惹不起。曹操一问，知道那是宦官蹇硕的叔父。蹇硕当时得到汉灵帝宠信，他的叔父便依仗权势，为所欲为，谁也不敢惹他。

曹操原本就对这种依仗权势为非作歹的人十分厌恶，而刚好他又是借着宦官的势力，这让他更加气愤。他感到今日若不作出表率，日后就不可能做到令出必行，而自己也将被百姓耻笑。

第二天清晨，百姓们聚集到北部都尉衙门前，都想看看曹操如何处置这位老爷。兵丁把蹇硕的叔父押到衙门前。老头对此不屑一顾，但随后被曹操下令劈头盖脸地打死了。因为没抓到曹操什么把柄，蹇硕也拿曹操没有办法。

曹操后来也是一直在打击宦官派，用自己的正气赢得了好的口碑和名声。他的做法也得到了士人的赞同，后来许多人都投靠他，为他的事业发展作出了很大贡献。

弘扬了正气。当时，宦官权势很大，很多人依附宦官，为非作歹，却没有人敢管。曹操年轻气盛，不畏豪强，打击宦官派，弘扬了社会正气。

赢得了好口碑。曹操虽出身宦官家庭，但是他痛恨宦官当权，关心百姓生活疾苦，因此他一直致力于打击宦官派。他的做法得到了百姓的交口称赞，也得到了当时士人的认可。这为他赢得了好口碑。

得到了人心。曹操打击宦官派的行为，得到了当时士人的称赞，这也提升了曹操在世人心中的形象。后来，很多士人都慕名投奔曹操，让他得到了很多可用之才，这对他的争霸大业是很有好处的。

在现在的市场竞争中，有的人为了赢得竞争，不惜采用非法手段，打击和诋毁对手，这样的做法为大多数具有正义感的老板所不齿，也是客户所不能接受的。因此，一个企业要想有好的发展，就必须依法经营，并且与不正当竞争行为作斗争，这样不仅能得到有正义感的同行的尊重，更能得到客户的认可，为自己的企业赢得好的口碑，树立良好的企业信誉和形象。这对企业的发展是很有好处的。

现代社会是一个法治社会，市场竞争也要依法进行，违法乱纪必然会受到法律的制裁，付出相应的代价。因此，一个成功的企业，必定是守法经营的企业；一个好的老板，必定是具有正气的老板。一个企业，只有具有了好的口碑，才有可能有好的发展。

创业看点

曹操通过打击宦官派赢得了好的口碑，得到了百姓的赞同，提升了自己的形象。在他后来求贤若渴的时候，大批的士人投奔他，这也与他打击宦官派所树立的正气形象有关。曹操用自己的正气赢得了口碑，也赢得了士人的追随，为他实现争霸大业奠定了基础。

温酒斩华雄——一箭三雕的公关智慧

曹操很有抱负，但是他也知道自己势单力薄，要想生存下来并且有所发展，他必须有一套自己的策略。

黄巾起义后，全国上下一片混乱，董卓也乘机谋权篡位，引起天下人的公愤。曹操知道自己不是董卓的对手，但他知道此时是一个好机会，于是便以檄文昭告天下，希望各方齐心协力共同讨伐董卓。他的提议得到了很多有实力的割据势力的赞同。于是，各路诸侯聚集到了一起，共同商讨讨伐董卓的大计。

第一战，大家推选鲍信的大将鲍忠出场迎战董卓的先锋华雄，被华雄斩首。随后，孙坚部将祖茂出战，也被华雄斩首。紧接着，袁术的部下俞涉和韩馥部下潘凤与华雄一一较量，也都被华雄给斩了。连续派出四将，都死在了华雄手下，各路诸侯大为震惊，军队士气受到了沉重打击，再无人敢出战。

正在大家不知所措的时候，关羽挺身而出，说道："小将愿意出战，取华雄的首级。"众人定睛一看，此人仪表不凡，但却都不认识。了解后才知道，这是跟随刘备的马弓手。

袁术得知关羽只是个马弓手，大怒，觉得这是嘲笑各路诸侯无大将，下令将关羽打出去。曹操见状，急忙拦住了袁术，说道："这个人既然说出了大话，必定有他的道理，先让他出战，如果不胜，再责罚也不迟。"袁绍认为派一个马弓手出战，肯定会被华雄嘲笑。曹操继续替关羽说话："这个人仪表不俗，华雄怎么知道他是马弓手呢？"关羽也不甘示弱地说道："如果没有取胜，砍了我的头就是了。"

曹操见关羽立下了军令状，便捧上一杯热酒，为他壮行。关羽说道："酒先放到这里，我去去便回。"说完，他提着刀出帐，飞身上马，出战华雄。过了一会儿，只见关羽提着华雄的头来到了帐内，扔到地上。众人惊叹，曹操端起为关羽准备的酒，递到他手里，酒还是温的，关羽一饮而尽。

在这件事情上，曹操几次出手帮助关羽，不惜得罪袁氏兄弟，看似不高明，其实正是曹操的聪明之处。曹操在温酒斩华雄的事情上，公关工作做得非常到位，对自己很有好处。

鼓舞了士气。在多名大将被斩的时候，军队士气低落，没有人敢出战，关羽自告奋勇，斩了华雄，挫了董卓的锐气，鼓舞了盟军的士气。董卓的大将华雄被除掉，曹操心中自然很高兴，这也有利于曹操日后一统北方大业的计划。

为自己打响了名声。曹操力挺关羽，而关羽斩华雄的事实，也让大家对曹操之前支持关羽出战的做法表示了赞同。同时，曹操不以门第出身看人的做法令当时在场的诸侯们很赞同，这提升了曹操在诸侯心中的地位。

结交了关羽。曹操非常爱才，对关羽更是关爱有加。曹操对关羽的赏识和厚待，为他以后在华容道脱险埋下了伏笔。如果不是他当初厚待关羽，也许华容道就成了他人生的终点。

现在的市场竞争激烈，一个企业要想有好的发展，老板必须能够发现人才，只有发现人才，才有可能为企业的发展提供助力。但是，发现人才仅仅是一个前提条件，发现了人才以后，能不能很好地利用人才，为人才提供一个适合他们发挥才能的舞台才是最关键的。如果仅仅是得到了人才，却不知道很好地利用，也会让他们寒心，这对企业发展是不利的。

有一个老板，在招聘中得到了一个很好的人才。他虽然是个年轻人，却很有能力，老板很赏识。为了找到适合他的职位，老板费了一番心思。老板身边的人提醒老板，他是新人，也许会在得到一定锻炼以后就另去他处，不值得费这么多心思培养他。但老板不这么认为，他觉得他一日是公司的员工，就要为他提供最好的发展机会。

在老板的坚持下，年轻人得到了很好的成长。后来，由于很多原因，年轻人离开了，到了一家更适合自己发展的大公司。老板也没有强行挽留他，而是送上了自己的祝福，这让年轻人很感激。后来，他的公司遇到危机，是这个年轻人劝说他的新老板伸出了援手，双方通过合作实现了双赢。

创业看点

曹操善待人才，没有门第等级观念，这使很多人慕名投靠。温酒斩华雄，曹操通过自己的表现，很好地实现了一箭三雕的目的，不愧是公关高手。

辞去济南相——市场形势不好时要以退为进

　　184年，曹操被任命为济南国相，成为品级不低的地方要员。曹操刚上任的时候，济南国下辖东平陵、於陵、台、菅、土鼓、梁邹、东朝阳、历城等十个县，存在着很多的问题，这些都需要他去一一解决。由于以前历任国相疏于政务，不能严于治理，吏治的腐坏十分严重。各县长吏大都依附权贵，贪赃枉法，无所顾忌，不管百姓死活，只为自己谋取私利。

　　曹操看到之前历任国相都置之不问，很生气，他想要有一番作为。到任后，他大力整饬，一下子就奏免了大部分的长吏，济南震动，贪官污吏纷纷逃窜。他的这些做法也收到了成效：济南吏治清平，各方面都有了好转，百姓生活也有了改善。他的这些做法得到了百姓的拥戴，他也从中学到了很多管理知识，为以后的发展积累了经验。

　　只要正常发展下去，他可以在仕途上一帆风顺，也会做出一定成就，有一个比较安定的生活。但后来，曹操看到军阀混战，民不聊生，做官的只会欺压百姓，愚弄百姓，与他做官的初衷大有出入时，让他对自己的发展有了更多的思考。

曹操是个很讲原则的人，在他眼里，保境安民，为百姓排忧解难才是一名官员真正应该做的事情。然而，当时官场中的官僚习气，曹操很看不惯，看到官员们贪婪地压榨百姓，曹操十分愤慨。慢慢地，曹操看明白了官场的黑暗，觉得和这群人在一起不能实现自己的理想和抱负，还会受到一些大小官员的排挤。在这种情况下，曹操有了离开的想法。

不愿意与其他人同流合污。经过一段时间以后，曹操发现官场腐败的程度远远超出了他的想象。他有自己的原则，不愿意与其他人同流合污，看不惯官场的腐败，但是又不能凭借自己的力量改变现状，于是以生病为借口辞去了官职。

以退为进。曹操称病辞官，其实是以退为进的策略。看到自己的力量有限，他知道必须得到更多人的支持，大家团结一致，才能成就一番事业。于是，他积蓄力量，广招人才，期待着有利时机到来，将来有所作为。

市场形势变幻莫测，企业要面对很多不可预知的风险和考验，这时候企业领导者的策略和做法就显得特别重要。一个成功的老板，必然不是一个较真的人，他会根据市场形势作出最适合公司发展的决策，而不是一味地向前，莽撞对公司发展有害无利。能屈能伸的老板才能带领企业在风险中不断成长，发展壮大。

做企业和做人是一样的，做人要识时务，能屈能伸，做企业也是这样。一个老板只有真正懂得了这一点，才能够不计较企业的一时得失，只为企业的长远发展考虑。在需要示弱的时候绝不逞强蛮干，在需要强硬的时候绝不唯唯诺诺。雷厉风行，斩钉截铁，当断则断，这才是一个成功的老板应该有的气度。

第九章

公关管理

迁都至许县——企业总部所在城市要很给力

曹操迎接汉献帝后，就开始考虑都城的选址问题。为了显出汉室君王原有的气派，不在世人面前降低了汉献帝的身份和威信，就要选择一个地理位置和环境不比洛阳差的地方来作都城。

当时，曹操的下属向曹操推荐了好几个地方，但曹操最终选定了许县。贾诩认为许县是个不错的地方，从地理环境和发展状况看，都与洛阳不相上下，适合设为都城。他认为许县距离洛阳百里之遥，战略位置重要，贸易也很发达，社会比较稳定，况且这里还是重要的囤粮之地，粮食储备充足。这是最适合设为都城的地方了。

其实，曹操选许县作都城更重要的一点原因是这能够为曹操招揽更多的人才。这才是曹操最为关心的，也是对曹操最具有吸引力的。

当时，许多能人义士都出自于此，曹操的属下郭嘉、徐庶、田丰、陈群等就是许县人。曹操选择许县作为都城，是觉得这里是一个提供人才的基地，有利于更好地促进他一统天下大业的实现。

同时，曹操选择许县，也是考虑到这里距离洛阳非常近，对于那些忠于汉献帝的大臣们还是有吸引力的。将都城设在许县，不仅能够更好地控制年幼的汉帝，还能通过"挟天子以令诸侯"的方式，统一号令，完成自己一统天下的霸业。

曹操慎重考虑以后，便向汉献帝呈报了迁都一事。曹操对汉献帝说："陛下，东都荒废久矣，不可修葺，更兼转运粮食艰辛。许都地近鲁阳，城郭宫室，钱粮民物，足可备用。臣敢请驾幸许都，唯陛下从之。"汉帝听后连连点头，将迁都一事交给曹操去处理。

迁都许县之后，经过群臣商议，将许县更名许都，有兴盛昌隆之意。至此，都城正式迁到许县，曹操也真正开始了他争霸天下的征程。

曹操是个很聪明的人，表面上是在给汉献帝选居住的地方，实质上是在选择更有利于自己发展的地方，以便能够更好地招缆贤才，实现霸业。从这一点上来看，曹操的选择是正确的，也是相当明智的。

通过迁都，曹操不但取得了汉帝的信任，而且将都城迁到了更有利于自己发展的地方，同时在百官面前很好地树立了威信，可谓是一举数得。

更有利于自己的发展。将都城迁到许县，更有利于曹操招贤纳士，这对于他的统一大业是很有帮助的。同时，这里粮草充足，地理位置优越，对于他势力范围的扩大是很有好处的。

得到了汉帝的信任。曹操最早拥护汉帝，因此汉献帝对他很信任，因此在他提出迁都一事的时候，汉献帝很爽快地答应

了，并且将此事交给他处理。由此可以看出汉献帝对他的信任，这对于他树立权威也是很有帮助的。

企业所在地的选择对于企业的发展有很大的影响。如果企业在一个大城市，就会有更好的资源，更好的发展机会，接触到更多的信息，这些都可以使企业有更好的发展。因此，老板在考虑企业选址的时候，都会很慎重，都想选择一个对企业发展更有利的地方。即便很多的企业一开始不在资源优越的大城市，很多老板也会考虑将企业的总部设置在大城市，这样更有利于企业发展。

资源是有限的，不可能所有的企业都能找到最适合自己发展的地方。因此，很多小城市的老板就绞尽脑汁地希望通过别的方法改变企业发展的劣势。

我们可以看到，很多老板都是这么做的。即便他的企业不在大城市，当企业发展到一定规模的时候，他也会将自己的总部设置在北京、上海等大城市，这对企业发展是很有好处的，也是一种解决企业选址问题的变通之策。

创业看点

曹操有自己的想法，通过为都城选址这件事，不但得到了汉献帝的信任，使自己全权处理迁都问题，而且将都城选在了最有利于自己发展的许县，可谓是一箭双雕。同时，他也得到了大臣们的尊重，提高了自己的威信，这对于他的发展是很有好处的。

善待汉献帝——老板手中要时时掌控话语权

自从兖州刺史刘岱在与黄巾军余部的作战中阵亡后，兖州就处于混乱状态，无人主政，此时急需一个合适的人去镇守兖州，结束混乱状态，恢复社会秩序。当时，一些士绅看到曹操有一定实力，觉得他是一个比较合适的人选，于是就请他代理刘岱的职务，以使兖州能够尽快地安定下来。

当时，汉献帝刘协在长安，正处在李傕的控制之下，曹操派密使去慰问献帝，献帝正式任命曹操为兖州刺史，并为其女赐名"曹宪"。这让曹操很感动，决定迎接汉献帝回来，使他脱离李傕的控制。这样做对曹操是很有好处的，他就可以挟天子以令诸侯，以促进他统一大业的完成。

后来，曹操决定把三个女儿一同送进宫中给献帝当夫人，但他自己不知道怎么去向女儿们说这件事情。于是，他便让环夫人去和曹宪谈话，让卞夫人去和曹节谈话，让李夫人去和曹华谈话，劝女儿嫁入皇室。

公元213年秋，汉献帝正式下诏，聘娶曹操的三个女儿曹宪、曹节、曹华为贵人。献帝派行太常事大司农阳亭侯王邑和宗正刘艾，全部持节，携带玉璧、锦帛、黑色币及五万匹绢，去邺城纳聘。随从的介者有五人，都以议郎行大夫事，一律乘坐四匹马拉的车，还有给事黄门侍郎、掖庭丞、中常侍等多人，到魏公国中迎接贵人入宫。

由此可见，曹操对汉献帝不薄，不仅为其打下半壁江山，还将自己的女儿献给了汉献帝，服侍汉献帝的饮食起居。其实，曹操这么做也有自己的考虑，这样做曹操才能挟天子以令诸侯，迅速壮大了自己的势力，手下云集了大批人才，开始了一统天下的征程。对于曹操而言，汉献帝的作用很大，可以为自己抵挡千军万马，有汉献帝在，曹操就是实际的掌权者，他可以作出有利于自己的决定。

曹操借天子之名，发号施令，利用这一得天独厚的优势，赢得了一座又一座城池，同时，在朝中的话语权也不断增强。此外，曹操还将自己的女儿献给了汉献帝，使自己成为皇亲国戚，巩固了自己在朝中的地位，最终掌控着举国上下的话语权。善待汉献帝，曹操的这一选择是聪明的，这为他的发展起到了很大的推动作用。

挟天子以令诸侯。曹操假借天子之名，使得自己迅速发展，这对实现他一统天下的目标是很有帮助的。同时，善待汉献帝，赢得汉献帝的信任，也就赢得了权力，这一点也很重要。

得到了人心。其实，曹操原本可以废掉汉献帝，但是这样会招来别人的非议和反对。他善待汉献帝，有利于争取那些老臣们，同时，也是向世人展示他的忠心和仁德，有利于他招揽人才。

掌控了话语权。他不但善待汉献帝，还将自己的女儿嫁给汉献帝，摇身一变成了皇亲国戚。原本就很有话语权的曹操，使得自己的话语权更加强硬，这更有利于他的发展。有了话语权，才会有权威，才会得到下属的效忠，也才能够使他们执行命令，这是曹操能够带领曹氏集团不断发展的关键。

老板必须要有威信，而要想有威信，必须要有绝对的话语权，要说一不二，这样才能够领导属下。一个没有话语权的老板，不会得到属下的效命，也就失去了权威，而没有权威的老板，又怎么能够团结大家共同奋斗呢？

一个老板，为了公司的发展，兼并了另一家公司。按照一般老板的做法，会将这家公司的领导层全部撤换，然而这个老板却没有这样做，他保留了原先公司的中层领导，并且给予他们很好的待遇。这种做法很聪明，善待原先的旧部，他得到了整个公司的人心，同时向员工展示了他的重情义。跟随这样的老板，是每个员工的愿望，他们一定会努力工作，更好地为公司的发展贡献力量。

创业看点

曹操掌握生杀大权，他是实际的掌权者，汉献帝只是他的一个招牌。他原本可以废掉汉献帝，自己称帝，然而他却没有这样做，而是善待汉献帝，还将自己的女儿嫁给汉献帝。这让那些老臣们很感动，也使他得到了人心。更重要的是，他得到了汉献帝的信任，这就使他完全掌控了话语权。

铜雀宴诸将——酒宴上的公关学问

　　曹操自赤壁大战惨败以后，一直想寻找一个机会报仇雪耻，但是看到孙刘联合，他心里还是有所忌惮，因此不敢轻易冒进。建安十五年春，有人挖出了一个铜雀，曹操认为是吉祥之兆，于是命人建造铜雀台。

　　后来，曹操在邺郡大会文武官员，设宴庆贺。铜雀台正对漳河，中间是铜雀台，左边是玉龙台，右边是金凤台，高十丈，上面架着两座桥相通，金碧辉煌，十分壮观。到了宴请的时候，曹操头戴嵌宝金冠，身穿绿锦罗袍，玉带珠履，坐在高处，文武官员站在台下，何等意气风发。

　　曹操与大臣们把盏言欢，喝得很高兴。正在兴头上的曹操想观看武官比试弓箭，为了让他们拿出真本事，曹操命令近侍将一领西川红锦战袍挂在垂杨树枝上，在下面摆下一个箭靶子，距离百步。他命令将武官分为两队：曹氏宗族都穿红衣服，其余将士都穿绿衣服。士兵们按照命令各自带着弓箭，骑在马上，听候指挥。曹操对大家说："谁能射中箭垛红心，就能得到锦袍，如果射不中，就罚水一杯。"

为了在曹操面前展示自己的实力，每个人都憋足了劲，希望好好地表现自己，表现好了，得到曹操的赏识，对自己来说就是一个好机会。因此，竞争很激烈，很多将领都表现得很优秀，都想得到锦袍。

曹操看到大家竞争这么激烈，每个将领都展示了自己的本事，很高兴。这是他最希望看到的，手下的将领个个强悍，他也对自己未来的争霸更有信心了。曹操知道不能为了这一领锦袍伤了将领们之间的和气。他故意只设置一领锦袍，只是为了激发大家的斗志，使大家拿出真本事，这个目的已经达到了。

为了使大家更有积极性，曹操对所有的将士都进行了赏赐，这让每一个人都很高兴，既展现了自己的才能，又得到了曹操的鼓励。曹操这么做是很聪明的，他没有厚此薄彼，让每个人都能感受到被重视和尊重，让每个人都知道只要有才能就会有发挥才能的舞台。同时，他还向大家传递了一个信息，那就是只要对他效忠，他是不会亏待任何一个人的。

曹操大宴铜雀台，通过一领锦袍激发了武将们的求胜欲望和斗志，使他们都拿出了自己的看家本领，也让曹操对各个将领有了更深的了解。后来，看到将领们互不相让，他适时地对每个人都加以赏赐，这让每个人都很高兴，增强了集团内部的团结，起到了很好的效果。

激发了将领的斗志，加深了对将领的了解。曹操想看大家比试弓箭，于是设置了一领锦袍作为奖励，这激发了大家的斗志。于是，大家纷纷拿出自己的看家本领，各尽所能。这也让曹操近距离地看到了将领们的表现，加深了对将领的了解，对于以后的用兵是很有帮助的。

增强了集团内部的团结。但是，为了不让大家因为一领锦袍伤了和气，影响团结，曹操懂得适可而止，他对每一个将领都进行了赏赐，大家都有所收获。这就增强了集团内部的团结，也让每个人都知道，只要有才能，就会受到重用。

老板如何对待员工，在很大程度上决定着一个企业能否更好地发展。对于为企业作出重大贡献的员工，老板会特别对待，让他感受到重视，知道老板是明白他的付出的，会给予他相应的回报，这样才能激发他的干劲，努力工作，为公司发展作出更大的贡献。同时，老板也不会忽视其他的人，也会对他们进行相应的鼓励，因为这样可以增强公司内部的团结。

现实中也是这样，很多老板对于表现优异的员工会有特别的优待，比如为他举办一个庆祝酒会，或者专门给他放一个带薪的假期。这些做法都能够让员工感受到老板对他的重视，也能够让他更加积极地工作，这对公司的发展是很有好处的。

创业看点

曹操大宴铜雀台，通过一领锦袍，激发了将领们的斗志，也使得他更加真实地看到了将领们的表现，加深了对他们的了解，对以后的用兵很有帮助。同时，他对每个人都进行了赏赐，增强了团结，也使将领们明白了只要忠心效力，曹操是不会亏待他们的。

智脱华容道——情感在危机公关中有大妙用

曹操赤壁战败，狼狈逃窜，一路上又遇到孙刘联军多个将领的拦截，身心疲惫。在走到华容道的时候，曹操感慨，如果在此设伏，他必将命丧于此。说完这话以后，曹操在华容道上放声大笑，而此时，关羽身骑赤兔马，手握青龙偃月刀，缓缓走来。曹操一怔，部下中有人更是发出"我命休矣"的声音，惊慌失措。

曹操也很惊慌，但是他很快就稳住了心神，看到关羽走上前来，他直视着关羽说道："自许县一别，将军可好，我总是盼望着有朝一日能与将军把酒言欢。可惜，天意弄人，我们却在如此情境之下相逢。远远的，我就能感觉到将军长刀上的寒意。"曹操通过这段话，表达了对关羽的思念和爱惜之情，同时也是向关羽示弱，他现在所处的情境让他不得不这么做，必须放下自己的身段。曹操想通过叙旧情来打动关羽，让关羽想起在许县时自己对他的厚爱，为自己创造一丝生的希望。

关羽听后，面色凝重，口称"丞相"，请曹操下马，并表示营寨虽小，却不会让曹操受苦。曹操高声说："云长，你忘了我们昔日的交情了吗？"以悲伤的语气说出这句话，是特别能勾起关羽对往事的回忆的。

关羽听后对曹操说："承蒙丞相厚爱，关某永不敢忘。只是昔日斩颜良、诛文丑，已经报答过丞相。今日相遇，关羽怎敢以私废公？"关羽的这句话让曹操心里一凉，但是他没有放弃求生的机会。

曹操接着搬出了过五关斩六将的事情，那时关羽杀了那么多的守将，他却传令让关羽过江，不为难关羽，让关羽兄弟三人团圆。这段话进一步向关羽表明，他对关羽有恩，关羽欠着他的人情，希望以此打动关羽。

关羽是重情重义之人，听曹操这么说，便沉默不语。曹操看到关羽这样，心中高兴，知道关羽有些心动。于是继续对关羽说，他是乱世豪杰，不堪忍受囚徒之辱，希望关羽念在旧日的恩情上，能够斩他头颅，能死在关羽手上，他也无憾了。关羽犹豫不决，曹操继续说道，他知道关羽不想杀他，但是军命难违，他不怪关羽，希望九泉之下，能够和关羽把酒言欢。说完这句话，他举剑跪地。关羽看到这个情景，完全被曹操打动，命令属下让开道路，放走了曹操。

曹操在华容道面临生死抉择，但是他临危不乱，用旧情打动关羽，最后让关羽放他离开，为自己争取了生的希望。这是一次危机公关，而曹操巧妙地利用了与关羽的情感，在危机公关中大获全胜。

展示了自己的公关艺术。曹操面对困境，没有慌张，利用与关羽的旧情，步步为营，不断打动他，最后使得关羽放走了他。这一系列的谈话，展现出了他极高的公关艺术。

利用旧情打动关羽，为自己赢得了生机。曹操知道关羽念旧，是个重情重义之人，只有通过旧情打动他才能够有一丝生机，于是他巧妙地重叙旧情，以情动人，终于使关羽放走了他。

商场也是情场，商场上不是只有利益的纠葛，这里也是一个充满情意的地方。一个成功的老板，知道在合适的时候通过情意打动员工，通过情意鼓舞员工，使大家更加团结，齐心协力，为了共同的目标而奋斗。

现在有很多企业缺乏技术工人和管理人才，面对人才的流失和同行的挖角，老板要做好充分的心理准备，打一场有准备的、打得赢的战争。很多的时候，待遇留不住人，但是感情却可以打动人，因为好的待遇是从任何一个地方都有可能得到的，今天你的待遇是最好的，说不定明天就会有更好的待遇诱惑你的员工。感情却是独特的，一个员工在一个企业里，必定会对企业有着一定的感情，当面对更好的待遇诱惑的时候，他的心里也会犹豫不决，不知道自己该走还是该留。这时候，老板应该站出来，用感情打动他，同时给他展示公司的发展规划，并且相应地提高他的收入以体现出他的价值。这样，就肯定能够留住自己的得力干将。

创业看点

在华容道，面对关羽，曹操向我们展现出了他超强的语言艺术。他以情动人，将关羽打动，使自己化险为夷。他的危机公关做得相当漂亮。

三发求贤令——重复记忆是品牌公关的妙方

曹操生于乱世，心怀壮志，意图争霸天下，建功立业。为了达到自己的目的，他广纳贤士，求贤若渴，唯才是举。他所说的贤士，就是有一技之长的人。他认为乱世用人要不拘一格，只要能够对自己有所帮助，都是他想要得到的人。况且，曹操也是一个善于识人用人的人，他有能力驾驭这些人才。为了得到人才，曹操三发求贤令，他对人才的渴望可见一斑。

《求贤令》中提到：

自古受命及中兴之君，曷尝不得贤人君子与之共治天下者乎！及其得贤也，曾不出闾巷，岂幸相遇哉？上之人不求之耳。今天下尚未定，此特求贤之急时也。"孟公绰为赵、魏老则优，不可以为滕、薛大夫。"若必廉士而后可用，则齐桓其何以霸世！今天下得无有被褐怀玉而钓于渭滨者乎？又得无有盗嫂受金而未遇无知者乎？二三子其佐我明扬仄陋，唯才是举，吾得而用之。

《举士令》中说：

夫有行之士，未必能进取；进取之士，未必能有行也。陈平岂笃行，苏秦岂守信邪？而陈平定汉业，苏秦济弱燕。由此言之，士有偏短，庸可废乎！有司明思此义，则士无遗滞，官无废业矣。

《求逸才令》中提到：

昔伊挚、傅说出于贱人；管仲，桓公贼也，皆用之以兴。萧何、曹参，县吏也；韩信、陈平负污辱之名，有见笑之耻，卒能成就王业，声著千载。吴起贪将，杀妻自信，散金求官，母死不归，然在魏，秦人不敢东向，在楚则三晋不敢南谋。今天下得无有至德之人放在民间，及果勇不顾，临敌力战，若文俗之吏，高才异质，或堪为将守；负污辱之名，见笑之行，或不仁不孝而有治国用兵之术。其各举所知，勿有所遗。

三篇求贤令，曹操反复强调了人才的重要性，可见他对人才的重视，同时也可看出他对于得遇人才的渴望和迫切。这三道求贤令，让曹操爱才惜才的名声远播，大批人才慕名而来，由此可见曹操的公关能力。

曹操渴望人才，因此发出求贤令，而且不止一次。发出一次求贤令的话，别人会觉得他爱惜人才，但是三次发布求贤令，就让人觉得诧异，他对人才的渴望如此迫切，他的求贤若渴的态度也传遍了大江南北，深深地吸引着那些想要做出一番成就的各类人才，使他们纷纷来投靠。曹操这次的公关可谓做得很到位。

表达了自己渴望人才的心意。良禽择木而栖，谁都希望能够投靠明主，成就一番作为。曹操的求贤令，让很多无所适从的人才看到了希望，找到了自己成功的平台和途径。曹操通过求贤令，让这些人才知道了他渴望人才的心意，于是他们纷纷慕名来投靠。

为人才提供了施展才华的舞台。曹操不仅爱才，而且会用人，知道如何给人才提供发展的平台。这一点是对人才最大的吸引，他们渴望能够投到一个明主手下，而曹操的求贤令表达的就是这个意思，这也让人才们吃下了一颗定心丸，他们可以毫无顾忌地来投靠曹操了。

现在的企业，为了打响品牌，可谓花样百出，想尽各种办法，以期给人们留下好印象。这其中有一家企业做得特别漂亮，那就是"马师傅"。这家企业为了打响品牌，先投放广告。广告的内容就是寻找马师傅，问了很多人，都不知道马师傅是谁。看了这则广告的人，也不明所以，大家都很纳闷，但是，这却成功吸引了大家关注的目光。过了一段时间，与之相关联的一则广告出来了，大家才恍然大悟，原来是马师傅润滑油。

创业看点

曹操求贤若渴，他为了让人们对他渴求贤才的做法有印象，就连发了三道求贤令。他用重复记忆的方法宣传了自己，引起了更多人的关注，特别是引起了那些怀才不遇的人的关注，为他们提供了一个机会和舞台。这样的品牌公关的妙方取得了很好的效果。

第 十 章

管理

之教训

义释刘玄德——抑制竞争对手成长的重要性

刘备是三国时期蜀国的创立者，他在羽翼未丰时，曾一度与曹操合作。任天下之智力，争天下之归心。曹操与刘备最初交往时，就觉得刘备不是一般人，是个难得的人才，况且又是皇室宗亲，所以曹操一心想对刘备予以重用。

当时的刘备，虽然势孤力单，但是曹操一眼就看出他是个举世无双的英雄人物。"天下英雄，唯使君与操耳"，曹操对刘备道出了肺腑之言，他对刘玄德敬重有加，"出则同舆，坐则同席"，总想把他纳入自己的势力范围。

然而，和曹操的热情形成对比的是，刘备却表里不一，他不甘臣服在曹操之下，表面上应付着曹操，实际上"人在曹营心在汉"。当时，曹操的谋士程昱、郭嘉等人，几次提醒他要借机杀掉刘备，可曹操的回答只是一句话："方今收英雄时也，杀一人而失天下心，不可。"

刘备与曹操翻脸后，一次和曹兵交战，一番较量，最终曹操因兵强马壮完胜，刘备兵将则溃不成军、一败涂地，甚至妻子和大将关羽都被曹军生俘。在这之后，曹操明知刘备是劲敌，也有机会杀他，但只要有一丝争取的希望，就不肯放手，致使竞争对手刘备得以喘息而恢复实力。曹操甚至还将俘获的实力派大将关羽拱手送还给刘玄德，以致为刘备这只猛虎插上翅膀，让竞争对手的实力更强大。

曹操从公元190年起兵，到208年挥师南下，整整19年，纵横驰骋华夏，几乎是大战必胜。没料到在大功眼看告成时，却遇到劲敌刘备和孙权的联合抗衡而惨败于赤壁。

这一败，使曹操当时要达到大一统的政治目标灰飞烟灭，也使他的竞争对手刘备羽翼愈加丰满。刘备是曹操的同辈，在曹操设法团结他时，他想的只是如何占曹操的便宜，揩曹操的油，伺机另立门户。天下三分，曹操雄踞中原，刘备和孙权各偏安一隅，绝非偶然。

曹操对刘备恩义并重，但刘备却借口而逃，成了他的强劲对手，妄想重用刘备是曹操用人的一大败笔。从他设法团结刘备，想对刘备委以重任的做法上，就充分表现出曹操不注意留意对手的成长态势，在潜在敌人羽翼未丰时没有及时抑制竞争对手的实力，以致养虎为患，为自己的大一统事业设置了阻碍，以致损兵折将损失惨重。

曹操没有正确对待自己的竞争对手，他本可以有机会杀掉刘备，除掉心腹大患，但他没这么做。他一厢情愿地想将对自己不利的人心，凝聚为对己有利的力量，但却是事与愿违，养虎为患。后来，刘备找了借口，摆脱了曹操的控制，从此开始了与曹操的敌对。

在一些企业中，产品的竞争垄断，能使对手只能在个别产品上与公司竞争，无法在整体上对公司构成压力。规模化经营可降低生产成本和营销成本，通过保持合理的利润率水平，有效地抑制竞争对手成长。吸取曹操义释刘备的教训，不仅可以抵制竞争对手的成长，还能加快自己队伍的壮大。

现在的市场竞争，竞争对手之间的相互抑制是常态。没有人愿意培养一个潜在的竞争对手，没有人想要引狼入室。如何抑制竞争对手的成长，就成了老板要仔细考虑的问题。抑制了竞争对手的成长，其实就是变相地使自己减少了竞争，对自己的发展是很有好处的。

现在的很多企业之间都有合作，但是合作也会有竞争，这虽然是一个相互激励的过程，也会产生双赢的结果，但是每个老板都希望自己一家独大，有着超强的竞争力。因此，在有机会抑制竞争对手的时候，他们是不会放过机会的，放过机会就意味着对自己的背叛，也就放弃了一次将对手扼杀在成长过程中的机会。

创业看点

曹操放走了刘备，可能在当时是出于多方面的考虑，怕杀了刘备让天下人寒心，再也没有人敢再来投奔。然而，他的这一做法也为后来埋下了隐患，使得自己的直接竞争对手逃过了一劫，以后再想找这样的机会，却找不到了。

徐州大屠杀——不尊重客户是要付出代价的

徐州大屠杀是三国时期影响极其深远的一件大事。最初，曹操的父亲曹嵩在诸葛亮的家乡琅琊避难，阴平守将张闿看曹嵩家财万贯，就起了贪念，他预谋洗劫了曹家，在琅琊的曹府家属全部遇害，一时间曹府尸横遍野。

张闿原是黄巾军余党，当初造反时杀有钱人劫夺财物原是稀松平常的事情，问题在于张闿这次劫杀的是已经很强大的曹操的家人。何况张闿当时已是朝廷命官，竟公然劫杀辖区内退休高官——前太尉曹嵩，这一事件在社会上引起轩然大波。

张闿作案后潜逃，作为他的上司，徐州牧陶谦是无论如何都脱不了干系的。

陶谦是靠打黄巾军起家的，他为徐州刺史时，打跑了徐州地面的黄巾军，在军阀混战的那个年代，徐州地面是一片太平景象。又逢那几年徐州境内风调雨顺，所以谷物甚丰，老百姓自然也高兴。加之董卓之乱后，各地军阀为争地盘正在混战，皇帝颠沛流离，已没有多少官员还记得皇上也要吃饭，而陶谦却能源源不断地进贡钱粮给皇帝。于是，陶谦被晋封为安东将军、徐州牧加溧阳侯。

只要有战争，无论结果谁输谁赢，对老百姓来说，都是一个灾难。于是，一有战事，就会有大量的人逃难，形成难民潮。当时的徐州一片太平，自然就成了难民们避难的首选地，逃难的人中也有前太尉曹嵩这种重量级的人物。因此，不但是徐州城，四周也都聚集了来自各地的难民。

后汉书《陶谦传》记载："初平四年，曹操击谦，破彭城傅阳。谦退保郯，操攻之不能克，乃还。过拔取虑、睢陵、夏丘，皆屠之。凡杀男女数十万人，鸡犬无余，泗水为之不流，自是五县城保，无复行迹。初三辅遭李傕乱，百姓流移依谦者皆歼。"

曹操的大屠杀非常惨烈，这样的行动也许有攻不下徐州泄愤的原因，但是对于手无寸铁的百姓采取这种做法，是得不到任何人的支持的，反而会使大家群情激奋，使自己站到道德和舆论的对立面上。不管出于什么原因，曹操的这次做法让他失去了民心，他的不理智也为他带来了负面的影响。

曹操一心攻取徐州，却对百姓开了杀戒，结果民怨四起，使得他在道德上受到了谴责，而民心也有所转向，当时的各个阶层对于他的这次屠杀都颇有微词。

失去了民心。民心是根本，只有善待百姓，才能得到百姓的支持，才能有更好的发展。如果失去了民心，就失去了发展的根基和源泉。曹操在徐州屠杀百姓，使得民怨四起，这使他在百姓心中的地位下降，对他的发展是不利的。

各个阶层都加以谴责。不管处于什么战争，都要尊重和爱护百姓，而曹操却对百姓大开杀戒。这不但使得对手对他大加谴责，也使得各个阶层都有意见，这次事件带来的负面影响可想而知。

在我们的现代企业管理中，客户就是"上帝"，"上帝"是应该受尊敬的。尊敬"上帝"，"上帝"就会带来巨大的利益。反之，不尊敬客户的后果很严重，代价也是非常惨重的。在这方面，华夏公司的张总就得到了深刻的教训。

一天，张总在公司门口看到公司的门卫正在对一名衣着朴素的男士进行盘问。这名男士说自己因公到华夏公司进行谈判，门卫在查看了他的证件后依然不放行，门卫认为他衣着普通，根本就不像个公司老总。面对这样的情况，对方无奈地苦笑。张总看到了，因为不认识那位客人，也没有上前为他解围。结果当天的一笔价值千万的合同谈判被临时取消。原来当时在公司大门口衣着朴素的男子就是预备合作方的董事长。对方认为没有得到应有的尊重，取消了合作，这下张总损失惨重。

创业看点

作为当权者要尊重百姓，不单要尊重自己辖区内的百姓，而且要善待所有百姓。曹操攻打徐州不利，于是对百姓大开杀戒，最终使他失去了民心。这对于曹氏集团的发展是很不利的。

逆众征乌桓——企业老总要明白战略重点

公元207年，曹操为了消灭袁绍的残余势力，统一北方，亲率大军赴辽西远征乌桓。当时正值夏天，碣石山一带阴雨连绵，秦皇、汉武使用过的驰道泥泞不通，曹操不得不领兵上徐无山，出卢龙塞（今喜峰口），取道一条毁坏断绝将近200年的盘山路，经白檀（今河北省宽城县）、平冈（今河北省平泉县），直扑乌桓首领蹋顿的大本营，从而一举在辽西的白狼山一带击溃了乌桓的骑兵。

曹操想对乌桓用兵，集团内部有许多人持反对意见，曹操一概听不进去。当时，曹操想进军柳城并不是容易的事。那时候，从河北省到柳城路途艰难，也没有所谓的"驿道"，所有的，仅是山中的小路，而且还要穿过长城。普通的商人、小贩，要走这些小路已经很难，何况大军需要输送军粮，那就更难以想象。曹操最后决定开两条渠，用水道运粮。

时年八月，曹军一直急行到了距离柳城不到200里的白狼山附近，袁尚、袁熙与蹋顿单于、辽西单于楼班、右北平单于能臣抵之等仓皇集结数万骑兵向西迎敌。两军在白狼山遭遇。这既是一场遭遇战，更是一场决战。若曹军败，那么势必全军覆没于辽西，因为他们没有退路。若乌桓败，那他们的柳城势必失守。

当时，乌桓的优势是以逸待劳，兵马"盛众"，但他们面对曹军的到来却表现得措手不及。曹操手下都是勇冠三军的猛将和身经百战的精锐骑兵和"虎豹骑"，不过他们走了十几天的山路，在体力上已经大打折扣了，在这种情况下，曹军也有些害怕。

俗话说："狭路相逢，勇者胜。"曹操登白狼山观敌阵，看到乌桓军阵不整，阵形松散，便命令张辽、张郃二人为前锋冲阵。张辽拍马下山，直冲敌阵，在张辽的带动下，曹军的精锐骑兵与乌桓骑兵在白狼山下血战。徐晃、张郃、韩浩、史涣、鲜于辅、阎柔、曹纯奋勇争先，数万骑兵混战在一起，战斗十分惨烈。

乌桓原本就人心惶惶，一看曹军如此勇猛，其阵形开始变得混乱。混战中，曹纯麾下虎豹骑"获单于蹋顿"，斩首。乌桓群龙无首，最后终于被杀得七零八落，"死者被野"，三郡乌桓的主力骑兵在这场决战中开始全面崩溃。白狼山之战曹操大获全胜，并一举平定了三郡乌桓的"亲袁势力"，直接占据柳城。

曹操没有听取属下的意见，劳师远征，虽然获胜，但是折损巨大，军队战斗力消耗不小。其实，当时他需要做很多事情，来进行全国的统一，乌桓并不是战略重点，耗费大量人力物力去征讨，不值得，对于统一大业的战略贡献太小。曹操忽视了自己的战略重点，损兵折将，这也是一个教训。

曹操忽略了战略重点。拿下乌桓并不是当时最需要做的事情。而曹操却执意远征，将自己整体的发展战略抛于脑后，这对于他的统一大业的实现是有影响的。

虽然曹操取得了最后的胜利，但是千里远征，损兵折将，尤其是折损了郭嘉，这对曹操的发展影响很大。郭嘉是曹操身边得力的谋士，失去了他相当于损失了一个臂膀。

企业要想很好地发展，必须要有明确的战略规划，并且应根据战略规划制定相应的策略，以便更好地促进企业不断发展。一个不明白战略重点的老板，是不能带领企业获得成功的。

不明白战略重点，直接的代价就是虽胜尤败。这种情况在现代企业管理中也时有发生。一个不善于分析市场战略重点的老板，往往不能将资金用在刀刃上，结果是花费了重金，投入了大量人力物力，却得不到自己想要的结果，对企业的发展起不到应有的推动作用。

创业看点

曹操不听属下劝阻，一意孤行，远征乌桓，虽然取得了胜利，但代价也是惨重的。他的得力军师郭嘉就因为水土不服，病死在远征乌桓的路上。这对于曹操来说，无异于失去了臂膀，这对他的统一大业是不利的。

贸然攻东吴——老板切不可犯冒进主义错误

　　孙策死后，孙权掌管江东，遵守孙策临终的嘱托，内事托付张昭，外事倚仗周瑜，后来又得到鲁肃、诸葛瑾等人才，东吴的事业蒸蒸日上，不断发展壮大。此时，曹操早已剿灭袁绍各部，基本上统一了北方，于是对江南虎视眈眈。当他看到孙权不断发展壮大之后，曹操更是希望尽快拿下江南，于是筹划着南征。

　　公元208年正月，曹操回到邺城，便立即开始为南征作准备。他命人建造了玄武池训练水军，派遣张辽、乐进等驻兵许都以南，准备南征。同时，为了解除后顾之忧，曹操对可能发生动乱的关中地区采取措施，上表天子封马腾为卫尉，封其子马超为偏将军，继续代替马腾统领部队，令马腾及其家属迁至邺作为人质，这样就消除了西北方向的威胁，可以毫无顾忌地一心南征了。

　　其实，当时曹操的手下是有人提出异议的，觉得当时并不是南征的最好时机，但是曹操当时兵强马壮，意气风发，觉得他的兵士每人扔条马鞭到长江里都可以阻断长江水，拿下东吴只是时间问题，并且也不会耗费太长的时间。于是，对于手下人的担心他并没放在心上，只是专心准备南征的事情。

接着，曹操八十万大军浩浩荡荡地南下，气势极盛。此时的曹操，抱着必胜的信念，甚至还有些骄傲轻敌，觉得孙权是抵挡不住他的大军的，即便是刘备与孙权联合起来，也不放在眼里。他的轻敌也让他失去了冷静的判断，这也为他以后的失败埋下了伏笔。

曹操的兵士都是北方人，不习惯水战，于是他采用庞统的建议，将战船全部连接起来，铺上木板，在上面甚至可以跑马。其实，下属也有人担心孙权会采用火攻，但是曹操没放在心上。后来曹操中了黄盖的苦肉计，黄盖通过诈降，借助风势，点燃了载满干柴的船只，火烧连营，曹军大败，曹操仓皇逃走。

当初曹操准备南征、攻打东吴时，属下就提出了不同的建议，然而曹操看到东吴不断发展壮大，心里着急，急于拿下东吴，也就没有听从这些建议，没有好好考虑可能遇到的情况，采取了冒进的策略。曹操当时势力强大，占据兵力优势的他忽视了东吴的地理优势，而这恰恰是曹操失败的关键所在。如果曹操当时能够更加理性一些，充分听取属下的想法，仔细分析利弊得失，尤其是南北方的地理差别，多考虑一下困难，也许能够找到更合适的南征的时机，而不至于仓促出战，最终惨败而归，教训深刻。

骄傲轻敌。曹操凭借强大的军事实力，妄图一举吞并东吴，然而他却忽视了东吴的地理优势。占据长江天险的东吴具有天然的屏障，想攻下来是不容易的。况且孙权与刘备联合，手下能人众多。最终曹操为自己的轻敌付出了惨重的代价。

冒进主义，缺乏理性。曹操一直想得到东吴的富庶之地，他没有听取下属的建议，急功冒进，以致中了东吴的计谋，最终惨败。

现在的市场中，很多老板都会或多或少地犯一些冒进主义的错误，这很难避免。但是，如何尽量减少这类错误，更加理性地看待问题，知道自己最需要做的事情是什么，如何选择和决策才能更有利于公司的发展，是每一个老板都应该认真考虑的。

有很多的小公司，本来就经营不善，面临着很大的压力，甚至会出现生存危机。然而，还会有很多老板不懂得积蓄力量，在自己的主产品还没有做好的情况下，就想发展衍生产品，到头来衍生产品做不好，主产品也失去了好的发展机会，原本想鱼与熊掌兼得，弄得鱼与熊掌都得不到，最后在残酷的竞争中被淘汰掉。

成功的老板，都是一步步走过来的，稳健发展才是成功的保障。一个妄想通过冒进而使公司获得快速发展的人，最终都不会获得成功，总会在市场优胜劣汰的选择中淡出。只有稳扎稳打，坚实地走好每一步，才可能获得成功。

创业看点

曹操执意攻打东吴，又骄傲轻敌，犯了冒进主义错误，最后为自己的错误决策付出了惨重的代价，得到的是沉痛的教训。

梦中好杀人——疑心重是老板的通病

曹操生性多疑，常常担心别人暗中加害于他，所以他常对身边的人说："当我在睡梦中时，只要有人稍微接近我，我就会像梦游一样，起身杀死这个人，今后当我睡着的时候，千万不要靠近我，以免我误杀了你们。"

有一天晚上，曹操正在睡觉，翻身时故意将被子踢到地上，一个服侍他很多年的近侍看到这种情况，马上过去捡起被子，打算给曹操盖在身上，其实这也是很正常的事情，况且这么多年来他做过无数次了，并没有觉得有什么不妥，也忘了曹操说过的他喜欢梦中杀人的话了。

当他拿起被子弯腰准备给曹操盖在身上的时候，曹操突然跳起来，拔出剑来把他杀了，然后再若无其事地躺在床上，继续呼呼大睡。其他侍从看到这种情况，吓得面无人色，都不知道该怎么办才好，很长时间才清醒过来，谁也不敢再靠近曹操。那个被杀的近侍也就一直横在曹操的床下。

第二天早晨，曹操醒来，看见床头溅满鲜血，近侍横卧在自己的床下，大怒道："是谁杀了我的侍从？"剩下的侍从都战战兢兢地站在旁边，不敢说话，见曹操怒问，才一齐跪倒，说出了昨晚他们看到的一幕。

曹操听了侍从们的话以后，露出非常惊愕的神情。看到躺倒在床下的侍从，曹操顿时流下泪来，抱起侍从，难过地说："我跟你们说过，我会梦中杀人，但是你们却没有在意我说的话。你怎么还在我睡觉时靠近我呢，这是自寻死路呀。"

后来，曹操下令厚葬这个被自己误杀的侍从。曹操亲自参加侍从的葬礼，整个葬礼过程中，曹操表情十分沉痛，表现出很伤心的样子。从此以后，军中的人终于相信曹操能在睡梦中杀人，并互相告诫当曹操睡觉时，万万不可靠近。

曹操的这种伎俩，被杨修看透了。当曹操为侍从送葬时，杨修扶着棺材对死去的侍从说道："不是曹公在梦中，而是你在梦中啊！"曹操见杨修戳穿了自己的阴谋，生怕杨修说出去，后来终于找了个借口杀死了杨修。

当年曹操刺杀董卓失败，逃出京城时，董卓派人四处追捕，并张贴告示，到处捉拿曹操。曹操和救他脱险的陈宫逃到曹操父亲的老友吕伯奢家。吕伯奢热情款待，曹操却因为听到了一句杀猪的话语，误以为人家打算杀他，于是就杀了吕伯奢全家。由此可以看出，曹操的疑心病是一直就有的，只是后来表现得比较明显罢了。

增加自己的心理压力。曹操生性多疑，随着权力的扩大，还越来越严重。这就使得他整天觉得有人要害他，总是防备着身边的每一个人，这让他心理压力很大，身心交瘁。他把很多的精力用来防备别人，也就少了很多处理正事的时间。

让下属无所适从。曹操老怀疑别人，这让下属很难做，很多时候都不知道该怎么做，小心翼翼，生怕哪里做不好被他怀疑，在这种环境下工作，工作效率也就有所降低。同时，这也是对属下的积极性的打击。

现在的企业中，疑心重是老板的通病，或多或少地都会有这样的情况。他们的出发点是好的，都是为了企业的发展，但是这样做的后果是不好的，会让员工觉得自己不被信任，而长期在一个不被信任的环境里工作，是很压抑的，会抑制员工创造性的发挥。

一个聪明的老板，总会尽量降低自己对下属的疑心，使自己从这种不好的倾向中解放出来，给予员工最大的信任。**老板的信任是对员工最大的鼓舞，能够激发员工的工作积极性，让他们以更加饱满的热情投入到工作中去，也能够更好地为企业的发展出力。**当他们发现员工感受到不被信任、情绪低落的时候，还会采取一些比较隐晦的小方法，让员工感受到他的信任，使员工的心情好转，更好地投入到工作中去。

创业看点

曹操权力极大，但生性多疑，老是怀疑别人蓄意要害他，于是，在睡梦中故意杀死了侍从，以此来告诫别人他可以在梦中杀人，使别人在他睡觉时不敢接近他，从而使自己更加安全。

大意失益州——不要给竞争对手可乘之机

东汉末年，天下纷乱。当时的益州首领刘璋能力有限，益州地界后来一度被曹操所掌控。本来，凭借曹操的智慧和能力完全可以反客为主，凭借如此天府之土、战略要地，使民殷国富，兵精粮足，甚至可以早日成就一统天下的霸业。

然而，曹操在守卫益州的过程中不能有所作为，在外来的刘备面前反主为客，处处被动，最终给了竞争对手以可乘之机，将益州拱手让人。汉末群雄相较，曹操大意失去益州，主要表现在：

不识益州险要的地理形势，不能努力修好汉中的张鲁，丧失了益州北面屏障，使益州处于外敌威胁之下。曹操缺乏重大军事斗争的心理素质，尽管拥有益州这块"风水宝地"，却不相信自己的力量，为了对抗并不比其强大的张鲁，拉刘备作为援手，使得刘备顺利入川。刚开始的时候，曹操对这件事情缺乏足够的重视，在认识到刘备入川的用意后，虽迅速组织了一系列的军事行动来对抗刘备，却均以失败告终。

诸葛亮为刘备设计的战略是：雄踞荆、益二州，外连东吴，内修政治，然后两道北伐，统一中原，恢复汉室。于是，刘备自建安十六年（211年）入川到建安十九年（214年）劝降刘璋，取得益州，前后花了三年时间。在此期间曹操基本上一直忙于打仗，对于刘备鲸吞益州是鞭长莫及。211年，曹操西征击败了以马超为首的关中诸军，取得关中。212年，曹丕攻田银苏伯之战。213年，曹操南征孙权，二军在濡须口相持月余，各无所获，遂撤军北还。后被册封为魏公，加九锡、建魏国，定国都于邺城。214年，夏侯渊攻马超祁山之战。215年，曹操见刘备已取得益州，率十万大军，抢先一步占领汉中。曹操自此彻底失去了益州的军事要地。

当刘备处心积虑谋夺益州时，曹操还茫然不知，反而开门揖盗，最终葬送大好时机。可以说，曹操失益州在一定意义上是疏于风险防范，才让竞争对手钻了空子，这个教训足够曹操终生铭记。

给了竞争对手可乘之机。刘备原本是很难有机会的，尽管他一直就想得到益州。由于曹操对益州不够重视，加上刘备和诸葛亮的谋略，使得最后的结果对刘备有利。最终刘备得到益州，壮大了自己的力量。

益州在曹操手中得而复失，曹操对竞争对手争抢地盘视而不见，可见他不够重视遏制竞争者，同时看出他对于市场缺乏高瞻远瞩的战略规划，缺乏对竞争对手的掌控能力。曹操不注重遏制竞争对手的最直接后果就是：让对手趁机壮大势力。曹操彻底失去了益州这个宝贵的市场份额。

现在的企业家，为了赢得市场，遏制竞争对手的市场扩张，可谓花样百出，想尽各种办法，对竞争对手严防死守。这其中有一家企业做得特别漂亮，这就是移动公司。

某市的移动公司为了抢占市场，先仔细研究竞争对手的市场策略，继而广泛地在媒体投放广告。广告的内容就是对全市市民发出即日起在指定地点花一元钱即可得到一张手机SIM卡的邀请。老百姓看了这个广告都颇感惊讶：花一元钱买个手机卡实在是物超所值。于是，这就吸引了大家关注的目光。

过了一段时间，等到全市市民基本人手一张卡后，移动公司自然就抢占了最佳市场份额，虽然手机卡等于白送，但是一旦这卡使用起来，那么别的竞争对手就失去了原有的市场份额。这样就遏制了对手，不给竞争者可乘之机，后续的收益自然也就显而易见。

创业看点

曹操本来已经取得了军事要地益州的绝对掌控权，然而由于他对竞争对手刘备的发展态势缺乏足够的关注，也不积极遏制对手的势力，麻痹大意之中给了刘备以可乘之机，让益州这个重要的地盘得而复失，最终拱手让给了刘备。曹操的失误让后人叹息，不注意遏制对手的教训可谓深刻。

曹操杀孔融——老板要善于倾听逆耳忠言

孔融是孔夫子第二十世孙，他小时候就很聪明，那段令人津津乐道的"孔融让梨"的典故更使他被视为教育孩子学会谦让的表率，但他却有个致命的毛病，就是"图一时口舌之快"。

197年，袁术称帝，曹操想公报私仇，趁机杀掉与袁术有姻亲关系的太尉杨彪。孔融听说后，立即去找曹操，表示杨彪和袁术只是亲家，罪不当斩，希望曹操不要杀他。而曹操却推托说这不是他自己的想法，他只是执行命令罢了。孔融知道曹操的心思，于是继续说道："天下人敬仰您，只因为您聪明仁智，办事公道。如果滥杀无辜，天下人都要寒心。"

曹操最终没杀杨彪，但心里从此结下了疙瘩。之后曹操攻破邺城，曹丕把袁熙的妻子甄氏抢来做小老婆。孔融给曹操写信，说当年武王伐纣，把妲己赐给周公了。曹操因孔融博学，以为真有这事，便问他是在哪本书上看到的。孔融回信说："从曹丕身上看出来的。"曹操一时非常尴尬。

后来曹操为了节约粮食，下令禁酒，说酒可以亡国，由此非禁不可。孔融又跳出来唱反调，说天上有酒星，地上有酒泉，人间有酒德，酒怎么可以禁？再说自古以来就有因女人而亡国的，怎么不禁女人？这些话，把曹操噎得直翻白眼。但孔融来头大，名气大，曹操也无可奈何，但"外虽宽容，而内不能平"，从此将孔融恨得咬牙切齿。

后来诸葛亮火烧博望坡，惹得曹操欲发兵"乘势扫平江南"。对曹操想扫平江南的战略决策，孔融积极唱反调、泼冷水。胸怀大志的曹操听不进孔融的劝诫，先是"斥退孔融"，后来索性听信谗言，下令对孔家杀无赦。

于是孔融很快就被下狱、处死、弃市，老婆孩子也统统受到株连。曹操借孔融全家的尸首，堵上了其他反对者的嘴。于是，曹操挥兵南下，轻而易举地赶走了刘备，易如反掌地夺取了荆州。然而，令他意想不到的是，孙刘两家迅速结盟。

孔融不顾曹操的感受，惹恼了曹操。中国有句古话说得好：忠言逆耳利于行。还有句俗话说"夹着尾巴做人"。孔融从来就没有低调做人，他依仗自己的聪明，在言语上口无遮拦，从不顾及权倾天下的曹操的内心感受。时间久了，曹操也越来越烦，孔融最终为自己的口无遮拦付出了代价。

孔融多次对曹操进谏，每次几乎都是孔融抢占先机，曹操屡屡被伶牙俐齿的孔融抨击得下不了台，正是这"以下犯上的逆耳忠言"让曹操怀恨在心，最后杀了他。孔融的忠言虽然逆耳，却是用心良苦，可惜曹操听不进去，最终落得惨败。

一般来说，企业领导人都有自视过高、轻视他人意见的缺点，尤其是听不进相反的意见。如果不能战胜这个弱点，对良言进谏充耳不闻，很可能会导致重大决策的失误。

王总是北方某城市一家制鞋企业的总经理，他和家人到南方城市旅游时看到当地一款设计巧妙的皮凉鞋非常畅销。他当时心念大动，凭着敏锐的商业眼光，他认为这种鞋子如果摆上北方的市场柜台，一定也能销售火爆。

于是，他返回北方后当即召开会议，他决定要大量从南方进货。在会议上公司的多位负责人都极力规劝他要先进行市场调查再进货。但王总根本听不进去，他大手一挥：就这么决定了。第二天就从南方空运了600万双做工精美的鞋子。但是，接连多日，一双鞋子也没有销售出去。在南方销售很好的凉鞋为什么到北方一双也卖不出去呢？原来，由于地域关系北方人的脚通常都比南方人大，同样的尺码穿在南方人脚上正合适，而北方人根本就穿不进去。这一次投资让王总损失惨重。

创业看点

曹操权倾朝野，脾气当然也不小。曹操和孔融交锋屡战屡败之后，犯了小心眼，认为孔融屡次三番和他唱反调，是别有用心的公然作对。曹操不听逆耳忠言，杀掉孔融，失去了可以直言相谏的人才。

·第八节·

杀蔡瑁张允——领导者切忌让成见左右决策

　　赤壁之战前夕，曹军和东吴隔江相望，剑拔弩张，大战一触即发。曹操水军的指挥官是从刘表手下归降的蔡瑁、张允，这两人"深得水军之妙"，是东吴破曹的主要障碍，周瑜早已在心里为这二人高举了招魂幡"必设计先除此二人"。

　　曹操为吞并东吴苦寻计策，恰有曹营中的幕僚蒋干出来自荐。蒋干自告奋勇去江东劝降周瑜。周瑜先是大摆群英宴招待老同学，定下了"但叙朋友交情"，不提"军旅之事"的规矩，封住蒋干的口。进而周瑜又向蒋干显示江东英杰云集，兵精粮足，实力雄厚，炫耀自己"遇知己之主"，受到信任和重用。周瑜这样的做法断绝了蒋干说降的念头。蒋干看到这种情况，知道自己完不成任务了，一肚子想说的话只能烂在肚子里。

　　夜晚，周瑜和蒋干"抵足而眠"，周瑜佯装酒醉酣睡，诱使蒋干偷走一封伪造蔡瑁、张允投降东吴的书信，还安排了"江北有人到此"来暗中联络的情节给蒋干看，让蒋干对书信确信无疑。蒋干正为没有完成说降周瑜的使命发愁，幸亏得了这份重要"情报",连夜溜回曹营去报功。

蒋干兴冲冲地回到曹营,将自己偷到的信交给了曹操,心想总算是有所收获,不至于因为一无所成而被治罪。蔡瑁、张允两个人从刘表手下"归降曹营",曹操原本就对他们有成见。看到这封信后,曹操的愤怒影响了他的判断,两人的"政治污点"如今在曹操头脑中不断放大,觉得两人是人在曹营心在东吴的潜伏者,于是不假思索地杀了他们两个,使得东吴的计策得逞。

志大才疏的蒋干盗书,偷来了所谓"蔡瑁和张允私通叛变东吴"的密信,中了周瑜的离间计。曹操不及细想便作出了决定,根本就不给蔡张二人申诉的机会。如果曹操能够稍微思考一下,蒋干怎么会轻易得到这么重要的信件,结果可能完全不同,但生性多疑的曹操没有考虑太多,轻易地杀掉了对东吴有极大威胁的水军统领。这对曹操来说是很不利的,毕竟原本自己的水军就不占优势。

当曹操看到蒋干偷到的信件后,大怒,这样的情绪使他失去了理性的判断,加上两个人又都是半路投靠而来,多疑的曹操以前就对他们有所怀疑,看到信件以后,就不假思索地对号入座。同时,曹操根本没有给二人申辩的机会,如果可以听听二人的说法,也许会避免这件事情的发生。

曹操杀了蔡瑁和张允,失去了水战顶尖级人才,这对曹操军队本来就很不利。但是他依然不能谨慎行事,在一连串"计中计"的牵引下,一步步走向东吴设计的圈套,使得一场实力悬殊的战争走向了不利于自己的方向,最终赤壁大败,他自己也差点丢掉性命。

一个好的领导者，要有自己的判断和想法，如果被手下的人影响了自己的判断，而不能很好地分析局势，作出理性的决策，则可能会带来严重的后果。老板作为一个企业的领导者，是企业发展的灵魂和中坚，他必须有清醒的头脑，不能被手下所左右，更不能被自己的成见所左右。人无完人，即便对下属有看法，也不能让自己的感性情感影响到理性判断。

　　市场竞争的手段无所谓好坏，只要是遵纪守法的竞争手段就是被允许的。现在的很多企业，为了赢得与同行的竞争，也会采取很多非常规的策略，而"离间"就是其中一个很重要的计谋，他们可能会采取很多办法，让竞争对手对自己的下属不完全信任，从而不将最重要的工作交给最合适的人去做，这就在无形之中削弱了对手的竞争力，从而对自己有利。

　　老板也不是完人，也会有很多的弱点和不足，有的还会影响大决策，对公司的发展造成一定的影响。因此，作为老板，就要更加理性地看待问题，遇事多思考，不要盲目冲动，被感性思维所左右，只有努力做到这一点，企业才有可能更好地发展。

创业看点

　　曹操对于半路投奔自己的蔡瑁和张允有所怀疑，这是他生性多疑的性格决定的，很难改变。他在看到蒋干给他的信心后，对两个人的成见影响了他的判断，甚至没有给两个人辩解的机会，就杀掉了他们。这正是东吴希望看到的，而这对曹操却是很不利的。

误用庞统计——对于旁人的建议
老板要三思而后行

曹操的集团有着强大的"智囊团"做后盾，以他为董事长的集团网罗了天下各路奇才豪杰。拥有强大的"智囊团"来进行战略方面的策划，是曹操傲视天下的绝对优势。"成也军师，败也军师"，曹操的"智囊团"既是成事的法宝，也是坏事的泥沼。

曹操的确是三国最优秀的军事人才，更是三国最杰出的君主。如果能够采纳正确的战略，并且不错过可乘之机，定能成就一番霸业。然而，他偏偏对战略没有三思而后行，结果曾经铸成大错。

人非圣贤，孰能无过。曹操在赤壁的大败，正是它用计不当所导致的后果。曹操听信了庞统献的计策，误中了连环计，才有了赤壁之战的大败。

庞统本为刘备谋士却隐瞒身份进入曹营，针对曹操顾虑曹军不善水战、不便操练的心理，利用其自信、轻敌的弱点，向曹操献计将大小战船连锁，为减轻江上风急浪颠。于是曹操下令用铁链和木板连接战船，犹如城堡，使步骑兵可在上驰骋，以利攻战。

曹操下令将战船首尾相连，结为一体，以利演练水军，伺机攻战。结果孙、刘联盟在赤壁用火攻大败曹操，从而奠定了三足鼎立的基础。

曹操中了计，却浑然不知。曹操听庞统之言把船用铁索、木板连接在一起，被火烧时无法分开，不能有效地应对，以致惨败。曹操命人将船连在一起时，其谋臣曾向曹操提出过铁索连船如遇火攻会无法躲避。曹操答复为此季节只刮北风，如敌人用火攻只会烧到自己，不必多虑。

可见，对铁索连船的利弊曹操早就进行了全面的思考，但最终还是没有逃过此劫。为什么呢？这是曹操的性格所致。当初蒋干偷书，即所谓的"密信"，曹操不假思索就把蔡瑁和张允的脑袋砍掉了。

曹操失去水战方面的人才后，被称为"凤雏"的庞统假意来投，献计铁索连船，多少使得曹操有点麻痹。黄盖也来相投，用苦肉计使得曹操更加迷惑，不论是真是假他都要去接应，假的便罢，真的岂不更好。没想到的是风向突然转变，刮起了东风，被黄盖来了个火烧连船，一切付之一炬。这一环扣一环的计策都是利用了曹操的性格弱点：奸诈、多疑。

在企业管理中，领导也会遇到这样的情况。需要提醒企业掌门人的是，凡事要三思而后行，对待下属的建议要权衡利弊，全盘统筹，从而作出正确的判断。

聪明的老板，总是喜欢让下属说出自己的想法，这对他们是一种尊重和鼓励。然而，下属的看法要不要采纳，是另一回事。老板对于下属的观点和看法，要进行理性的判断，认真思考过后，再作出最后的决定。轻易听信下属的建议，有时候会输得很惨。

下属当然渴望得到老板的重视，而最直接的表现就是自己的提议被老板接受。但是不接受下属的建议并不代表这个老板刚愎自用，老板要有自己的想法，更何况下属的建议也不一定都是正确的。

一个三思而后行的老板，才更有可能获得成功，他对于事情的看法会更加正确和理性。如果一个老板耳根子太软，很容易就听取下属的建议，这样的老板反而不一定是好老板。好的老板会有自己的判断和选择，而不是被别人左右。

创业看点

曹操被庞统忽悠了一把，这个大蚀本的教训揭示我们，骄兵必败。凡事不能被表象所迷惑，三思而后行，才能成功。如果我们在看待问题时能够保持冷静的头脑，理性战胜感性，那么很多问题也就化繁为简了。

托孤司马懿——企业灵魂
人物交接要慎之又慎

司马懿是曹操手下的得力干将，他在曹操的手下，为曹氏集团的发展作出过很大贡献，因此深得曹操赏识。最终，曹操临终之前托孤于他。司马懿是辅佐了魏国三代的托孤辅政重臣，后期成为全权掌控魏国朝政的权臣。

司马懿遵照曹操的遗嘱，监护曹丕达七年之久，而后又遵照曹丕的遗嘱做了十四年曹睿的法定监护人，又遵照曹睿的遗嘱做了十二年曹芳的法定监护人。曹芳是曹魏政权称帝时间最长的。在曹芳八岁时候，司马懿第三次接受了托孤辅佐的重任。在受命辅佐曹芳的时候，司马懿在外东征西讨近二十年，年龄已近七旬，而后便在家养病，只有重大朝会曹芳才请司马懿上朝，平时若有求于司马懿，曹芳都会率领众臣到司马懿家中请教，可见他当时的地位是多么重要。

司马懿为巩固曹魏政权作出了贡献，他重用邓艾在淮南屯田，打退了东吴的军事进攻，平定了曹爽乱政专权的小集团。当时，大将军曹爽和太尉司马懿共同辅政十年，辅政期间二人矛盾逐渐激化，司马懿渐生独揽朝政之心。魏正始十年（公元249年）正月，少帝曹芳率大臣去拜谒魏明帝的陵寝，司马懿趁机发动政变，罢免了曹爽及其亲信党羽，不久便将他们全部诛杀，史称"高平陵之变"。从此，司马懿开始在魏国大权独揽。

公元251年，司马懿病逝，其子司马师继承了他的权力。司马氏的专权，逐渐引起了曹魏宗室、皇亲国戚们的不满，他们发动了政变，却以失败而告终。后来，当年的皇太子就在托孤重臣司马懿的长子司马师的手上被废掉了，估计曹睿一定会后悔所托非人。这样，曹氏江山就在曹操的托孤重臣司马懿的后代手上结束了。

司马懿跟随曹操征战多年，曾立下了许多战功，深得曹操信任。曹操临死时把他作为自己的托孤重臣。然而，曹操的托孤却最终为曹氏江山的覆灭埋下了隐患，司马懿的后代以这种极具讽刺性的颠覆结束了曹氏江山。对于曹操来说，这无异于是对于他托孤司马懿的决定的一个莫大的讽刺。

曹操对司马懿极度信任，托孤于他，希望他能够辅佐自己的儿子，使得曹氏集团有更好的发展。这就是远学汉武帝托孤霍光，近学刘玄德托孤诸葛亮，他希望司马懿也能像他们那样，忠心辅佐自己的儿子。然而，他的决定却没有换来他想要的结果。

现在的企业，很多都面临着接班的问题，这个问题处理得好坏，在很大程度上影响着一个企业的发展。只有接班问题顺畅进行，将企业交到合适的人手上，才能更好地促进企业的发展，否则，对企业来说将是灭顶之灾。

改革开放以后，很多人选择了创业，而那代人现在都已经

到了退休的年龄了，寻找接班人的工作就摆在了眼前，这个问题关乎企业的未来发展和生死存亡。很多老板为了企业的发展，都很重视这个问题，也都希望能够妥善地解决这个问题。然而，这个问题却不是一个简单的问题，很多人极力想要做好，却都做得不尽如人意。因此，一个老板想要做好企业的交接工作，就要清晰地判断局势，理性地思考问题，要慎之又慎，这样才有可能取得很好的效果。要是不重视这个问题，很有可能会让企业陷入麻烦，甚至面临危机。

很多企业在交接以后，遇到了这样那样的问题，但是后来在公司全体人员的共同努力下，妥善地解决了问题，使得公司回归了正轨，开始了新一轮的发展。也有很多公司则由于交接问题没有处理好，交接以后导致公司的发展出现困境，原先很好的发展势头没有了，甚至很多的公司被市场淘汰。

创业看点

曹操托孤司马懿，当时他认为是最好的选择，却怎么也想不到自己的家族会断送在司马家族手里。这个教训让我们深刻地明白了一个道理：企业灵魂人物的交接要慎之又慎。

管理难，守业更难

管理难，守业更难

　　都说管理难，然而，管理有何难？有句俗话说得好，难者不会，会者不难。曹操就是一个管理的专家，他的一生值得我们去细细品味，从中可以学到很多的管理心得。我们在用心做一件事的时候，全身心地只想着做好，就不会无法忍受过程中的酸甜苦辣，反而会在不经意间找到自己想要的东西。

　　曹操具有高超的公关艺术，他凭借自己良好的语言天赋和对人心理的准确把握，总能三言两语就获得人心，得到别人的赞同。尤其是在赤壁之战败逃后，华容道与关羽相遇，他大打感情牌，以自己高超的公关技巧，说服了关羽，使得关羽放他离开，为自己谋得了生机。

　　曹操挟天子以令诸侯，是天下大权的实际掌控者。他没有听取属下的建议去背负弑君灭国的罪名，而是善待汉献帝。这也让那些忠于汉献帝的大臣们很满意，从而得到了人心。

　　管理是一个过程，只要心态平稳，潜心学习，认真总结，总会有所收获。管理是一个人的事，更是一个团队的事，聪明的创业者会有效地管理着自己的团队，去实现自己的目标。在实现自己目标的同时，也实现着团队中每个人的目标。这是一个相互扶持的平台，这是一个相互成就的舞台。要想获得成功，光有激情和勇气是不够的，带领一个团队，需要的是管理。如何管理好一个团队，是有志者需要解决的最关键的问题。只有管理好整个团队，协调好内部关系，使大家拧成一股绳，才能打造一支有凝聚力和向心力的团队，这才是一个成功团队的标准。

当我们感慨管理难的时候，其实那是我们还没有开始上路。当我们真正地接触管理，你就会发现，管理并没有想象中的那么难。

没接触管理的时候，我们思考的是怎么管理；通过管理获得成功以后，我们需要思考的就是如何守业。

管理是一种行动，守业则是一门艺术。如果你没有管理的经验，读这本书吧，它能让你找到管理的技巧和灵感，让你将人事梳理得井井有条；如果你已经创业成功，在为如何守业而焦头烂额时，读这本书吧，它能让你找到切入点，教你如何自如地梳理那一团乱麻。

如果你还在感叹管理难的话，别再叹气了，开始踏上新的旅程吧，曹操已经为你做出了榜样；当你还没有从创业成功的喜悦中回过神来，就感受到了守业难的时候，别灰心了，整理自己思绪，重新给自己一次机会吧，曹操已经为你做出了诠释。读这本书吧，里面有你想要的东西，需要你用心品读，用心感受。

人生起伏多艰难，一世枭雄路漫漫，波谲云诡人生曲，终将疑惑抛向天。守业何其有艰险，用心感知万事解，管理技巧何处寻，书中自有处事典。

员工培训课程

- 追随者：老板全力培养的12种人
- 弟子规：熟读弟子规，职场有智慧
- 赢在落实：打造全员执行力
- 阳光心态：做一名积极、感恩、负责的员工
- 团队精神：没有完美的个人，只有完美的团队
- 三个月成为一流员工：有一流的员工才有一流的企业
- 超级工作整理术：效率是整理出来的
- 细节决定成败：把每一件平凡的事做好就是不平凡

中层学习课程

- 精细化管理
- 精细化领导能力持续改善
- 车间精细化管理
- 班组精细化管理
- 安全精细化管理
- 银行精细化管理
- 医院精细化管理
- 核心价值观：如何打造有灵魂的团队
- 顶级团队执行力：按西点的方式做事
- 带队伍：如何打造职业化高效能团队
- 情商领导力：领导力培养与管理技能提升

高层修炼课程

- 精细化管理持续改善
- 企业创新与创新管理
- 向解放军学管理
- 培育强势企业文化
- 教练式领导力
- 三国中的管理大智慧
- 经济转型 产业升级
- 第三次工业革命：新经济模式下中国怎么办？